T0318857

The Cambridge Modern French Series
Senior Group

GENERAL EDITOR: A. WILSON-GREEN, M.A.

GRINGOIRE

THEODORE DE BANVILLE

GRINGOIRE

COMÉDIE

EN UN ACTE EN PROSE

Edited by

A. WILSON-GREEN, M.A.
Radley College

Cambridge :
at the University Press
1916

CAMBRIDGE
UNIVERSITY PRESS

University Printing House, Cambridge CB2 8BS, United Kingdom

Cambridge University Press is part of the University of Cambridge.

It furthers the University's mission by disseminating knowledge in the pursuit of education, learning and research at the highest international levels of excellence.

www.cambridge.org
Information on this title: www.cambridge.org/9781316601709

First published 1916
First paperback edition 2015

A catalogue record for this publication is available from the British Library

ISBN 978-1-316-60170-9 Paperback

TABLE

GENERAL INTRODUCTION

THE aim of the Cambridge Modern French Series is to offer to teachers French texts, valuable for their subject-matter and attractive in style, and to offer them equipped with exercises such as teachers who follow the Direct Method have usually been obliged to compile for themselves. The texts are arranged in three groups,— Junior, Middle and Senior,—designed, respectively, for pupils of 13 to 15, of 15 to 17 and of 17 to 19 years of age. It is hoped to bring into schools some of the most notable modern books,—novels and stories, memoirs, books of travel, history and works of criticism; and further to give the pupil not only an opportunity of becoming acquainted with great books, but, at the same time, of reading them in such a way that he may gain in knowledge of French, in ability to write and speak the language, in sympathy with and interest in '*France, mère des arts, des armes, et des lois.*'

It is with this end in view that the exercises are written. They follow, in the main, the lines of my Exercises on Erckmann-Chatrian's *Waterloo*, published by the Cambridge University Press in 1909. Some of the most distinguished teachers of French have expressed to me their approval of these exercises; others have paid them the sincerest compliment in imitating them. Each exercise is based on a definite number of pages of the text and consists of: questions in French on (a) the subject-matter, (b) the words and idioms, (c) the grammar. In addition, in all the volumes of the Middle Group and in some of those of the other two Groups, English passages, based on the pages under review, are provided for translation into French. Where there is no translation, the number of questions is increased, and, in the Senior Group, opportunity is given for free composition. The intention is to catch in this fourfold net every important word and idiom; often, to catch them even more than once. The questions on the subject-matter are not of the kind that may be answered by selecting some particular scrap of the text. They involve some effort of intelligence, some manipulation of the text. The general questions on words and idioms aim at showing how the words of the text may be used in quite other connections, in bringing them home to 'the business and bosoms' of the pupils, in building up the vocabulary by association, comparison, and word-formation. Often something will be learnt from the form of the questions, and every question should be answered with a complete sentence so that the repetition may help memory. The questions on grammar will serve to test oral work done in class. Each volume contains a systematic series of questions on verbs and pronouns, with examples drawn, where possible, from the text, and besides, each exercise contains a question, or questions, on the grammar of the pages on which it is based. Lastly, vocabularies are provided for the convenience of those teachers who wish for translation into English, in addition to, or instead of, reading all in French. The editors of the different volumes have practical experience of the teaching of French. Our hope is that this new Series may make French teaching more intelligent and more real, and therefore more interesting and more effective; that it may help to give the pupil an interest in French ideas and ideals which he will not lose, and provide him in the classroom with an atmosphere not altogether alien to that of France itself, the other Fatherland, for

> Chacun a deux pays,
> Le sien et puis la France.

A. WILSON-GREEN.

East Cottage,
　Radley,
　　15 *August*, 1916.

THÉODORE DE BANVILLE

THÉODORE DE BANVILLE naquit le 14 mars 1823 à Moulins, l'ancienne capitale du Bourbonnais, 'la coquette petite ville qu'on adore passionnément.' Son grand-père, issu d'une noble famille normande, quitta son pays pour le Bourbonnais où il poursuivit sa carrière d'ingénieur. Bien que de sentiments libéraux, il souleva néanmoins les soupçons des sans-culottes. D'abord il avait une particule à son nom et en outre on lui supposait une grosse fortune qui n'exista jamais que dans l'imagination de ses ennemis. Il ne survécut du reste pas à cette période orageuse de la Révolution. Son fils aîné, Claude-Théodore, après vingt ans de service dans la marine, prit sa retraite et se fixa à Moulins où il épousa Mlle Zélie Huet. De ce mariage naquit le poète, le créateur de *Gringoire*, qui s'avoue redevable de beaucoup à ses parents. Claude-Théodore, bon républicain qui brilla par la droiture et le désintéressement, légua à son fils, comme dit celui-ci, un triple et merveilleux fardeau :

> L'ardeur du bien, l'espoir du vrai, l'amour du beau.

De sa mère, descendue d'une lignée de gens heureux et habiles, le poète reçut cette nature essentiellement joyeuse que nous lui connaissons. L'éducation qu'il reçut de son père et de sa mère lui fut toujours un souvenir précieux, mais il ne goûta point les années qu'il passa à Paris, au collège de Bourbon ; il nous a d'ailleurs laissé un tableau bien noir des heures effroyablement lentes qu'il y vécut.   Lancé dans la vie de Paris comme étudiant en droit, Banville quitta bien vite 'les codes pour les odes.' En 1842, à l'âge de dix-neuf ans, il publia son premier livre *Les Cariatides*, et dès cette époque jusqu'à sa mort en 1891, il demeura littérateur du plus pur aloi ; il n'exista que pour la littérature ; elle fut sa seule préoccupation. Le flot de ses livres monte toujours, ses volumes de vers, ses pièces de théâtre, ses articles se suivent sans relâche. Il connut la période désastreuse de 1870 et chanta la vraie et noble façon de se venger, la façon française :

> A l'œuvre donc, vous tous, pinceau, lyre, ciseau,
> Et toi qui fais le fil pourpré, savant fuseau,
> Semons le blé, faisons grandir la fleur et l'arbre,
> Chantons les demi-dieux géants, taillons le marbre,
> Et gardons la pensée austère de nos morts ;
> Car, étant les plus grands, nous serons les plus forts,
> Et nous ferons ainsi des conquêtes certaines.

Pendant ses dernières années, Banville travailla surtout pour le théâtre, mais toute son œuvre, imprégnée du même esprit, garde les mêmes traits.   Banville est l'apôtre de l'art pour l'art, le poète du beau, l'ennemi acharné de l'art commercial—celui qui vise à l'argent. Sa muse, 'c'est l'enfant à la lyre, aux célestes amours.' Il manifeste toute sa haine contre la bourgeoisie cossue, sans grandeur d'âme ni délicatesse.

Dans sa comédie de *Gringoire* on a un exemple bien caractéristique de son talent en même temps qu'une défense et un clair exposé de ses idées maîtresses.   On y voit la grâce et l'aisance qui lui sont habituelles, tandis que sur les lèvres de Gringoire il met toute l'expression de sa foi dans la poésie, que 'ni glaive, ni supplice ne peut arrêter,' et dans le poète 'dont le bon sens n'est pas le fort—il n'a que du génie...' Il est inutile de dire que ce n'est pas le Gringoire historique dont il s'agit ici ; celui-là ne naquit qu'après l'année où Banville le marie. Le Gringoire qui nous est présenté symbolise le vrai poète, amoureux et fier de son art, méprisant la richesse, jaloux d'une chose seule—le laurier du Parnasse.

Parmi les vrais poètes, Banville a bien pris son rang et un rang qui n'est pas modeste. Limité peut-être dans ses débuts, il s'exerce progressivement ; son œuvre prend de l'ampleur, elle s'ennoblit. A la fin, son cœur va à tous 'les exilés'—dans la pauvreté, dans le vice et dans la douleur—c'est un cœur qui veut consoler les souffrances du monde par le spectacle de la beauté physique et morale.

A. W.-G.

AVANT-PROPOS

DE

THÉODORE DE BANVILLE

SI l'on pouvait payer ses dettes avec un trait de plume, comme je serais heureux d'écrire les lignes qui vont suivre !

Dire que j'ai trouvé, pour mener à bien le sort de cette pièce, un appui auquel on peut se fier toujours, un dévouement patient et infatigable, une aide fraternelle et le secours d'une pensée vive, alerte, ingénieuse, féconde, toujours en éveil, n'est-ce pas dénoncer déjà mon cher ami RÉGNIER, dont ce qu'on nomme Désintéressement est la nature même ?

Que Régnier se soit donné pour moi mille fois plus de peine qu'il ne s'en fût donné pour lui, ceci n'étonnera personne de ceux qui connaissent ce cœur d'une générosité si haute et si rare. Moi je veux seulement témoigner de ceci, qu'en mettant à ma disposition une expérience scénique sans égale, il a tenu à ce que je fusse moi-même, choisissant toujours l'interprétation la plus large et la moins banale, me ramenant à ma propre pensée quand je m'en étais éloigné, et m'obligeant à rester toujours poète, c'est-à-dire hardi et vrai.

La pièce revue, Régnier ne l'a pas abandonnée ! Avec une invention merveilleuse, avec un tact exquis, minutieux, il l'a mise en scène, imaginant et composant en artiste une suite de tableaux qui sont l'exacte représentation matérielle de nos idées. Enfin il a prodigué son esprit à des comédiens qui, passés maîtres eux-mêmes, l'écoutent cependant comme un maître, sachant que ses conseils, précieux et inestimables pour nous, ont été quelquefois utiles, même au génie.

Tout le monde sait à qui revient l'autre part du succès de *Gringoire* ; je n'ai donc qu'à nommer et à remercier à la fois :

Le comité de la Comédie-Française, qui a accueilli à bras ouverts cette œuvre consciencieusement écrite ; M. Édouard Thierry qui, avec une sollicitude infinie, lui a apporté son goût littéraire si infaillible, son érudition immense et toujours présente, ses soins de toutes les heures et de toutes les minutes ; les acteurs : M. Coquelin, comique, tendre, élevé, lyrique dans le rôle de Gringoire, où nous retrouvons en lui, transfiguré, complété, grandi encore par une création moderne, le jeune et déjà célèbre comédien des *Fourberies de Scapin* et du *Mariage de Figaro* ; M. Lafontaine, cet énergique et puissant acteur de drame qui a fait vivre et marcher devant nous le Louis XI de l'histoire avec ses ruses, sa gaieté bourgeoise, sa bonhomie tragique et ses effrayantes colères ; Mme Victoria Lafontaine, charmante comme Juliette, douce, émue, héroïque, jeune enfin ! Mlle Ponsin, qui a bien voulu accepter un rôle si inférieur à son talent, parce que Nicole Andry ne pouvait se passer ni de sa beauté, ni de son esprit, ni de sa voix ; M. Barré, admirable de simplicité et de bonne humeur gauloise ; M. Chéry, enfin, qui, avec quelques mots, a su faire d'Olivier-le-Daim une figure.

Puis M. Davesnes, ce metteur en scène excellent et modeste qui se souvient d'avoir été comédien et auteur dramatique ; puis les peintres, MM. Rubé et Chaperon, dont le pinceau a créé pour moi un intérieur du XVᵉ siècle calme, gai, naïf, approprié à l'œuvre, irréprochablement fidèle, et dont Théophile Gautier, le meilleur des juges, a écrit justement : " Viollet-le-Duc, dans ses restaurations d'anciens mobiliers, ne serait pas plus exact " ; puis M. Alfred Albert, qui a dessiné en artiste savant et curieux les costumes de *Gringoire*.

Quand j'aurai mentionné ici le *Louis XI* de Michelet, ce chef-d'œuvre, et *Les Ioyeulsetez du Roy Loys le Unziesme* des CONTES DROLATIQUES de Balzac, aurai-je nommé tous mes collaborateurs ? Non, car toute pièce de théâtre qui réussit pleinement a deux collaborateurs obligés : la Critique et le Public. Des critiques comme les nôtres, qui sont des créateurs, des inventeurs, mettent hardiment en lumière telle partie du tableau que l'auteur avait dû laisser dans l'ombre. Quant au Public, tandis qu'on l'accuse niaisement de ne se plaire qu'aux farces viles et aux écœurantes apothéoses des féeries les plus sottes, c'est lui qui s'enthousiasme aux vers énergiques et vrais, c'est lui qui pleure devant les misères sincèrement racontées, et qui a l'amour et l'ardente soif de la poésie, dont la source éternellement pure et vive peut seule rafraîchir les âmes.

PARIS,

4 *juillet* 1866.

GRINGOIRE

COMÉDIE

Représentée pour la première fois à Paris, sur le Théâtre-Français, par les comédiens ordinaires de l'Empereur, le 23 juin 1866.

PERSONNAGES.

LOUIS XI (46 ans)	M. Lafontaine.
PIERRE GRINGOIRE (20 ans)	M. Coquelin.
SIMON FOURNIEZ, marchand (48 ans)	M. Barré.
OLIVIER-LE-DAIM	M. Chéry.
LOYSE, fille de Simon Fourniez (17 ans)	Mme Victoria Lafontaine.
NICOLE ANDRY, sœur de Simon Fourniez (24 ans)	Mlle Ponsin.

Pages du Roi, Valets de Simon Fourniez, Officiers et Archers de la Garde Écossaise.

La scène est à Tours, chez Simon Fourniez, au mois de mars de l'année 1469.

GRINGOIRE

Le théâtre représente une belle chambre gothique, meublée avec le luxe sérieux de la bourgeoisie opulente. Le fond est occupé par une grande cheminée de pierre à colonnes accouplées et annelées, ornée de trois figurines posées sur culs-de-lampe. De chaque côté de la cheminée, une porte à deux vantaux, faisant partie du lambris de chêne qui recouvre les murs jusqu'à la moitié de leur hauteur. Ces portes donnent sur un palier d'escalier éclairé par deux fenêtres trilobées, un peu basses, à petits vitraux en losanges. Plafond à solives peintes, étoilées de rosaces d'étain. Sur les parois latérales, deux fenêtres à ébrasement profond, garnies de rideaux de serge. A gauche, un grand dressoir à trois étagères et baldaquins saillants, chargé de vaisselle d'argent et de mets réjouissants à voir. A droite, une horloge en cuivre, dont les rouages, le marteau et le timbre sont apparents. Sur le pavé, une épaisse natte de sparterie. Chaires, table carrée et escabeaux en chêne.

Au lever du rideau, Olivier-le-Daim est debout près de la fenêtre de droite. Deux pages du Roi se tiennent immobiles devant le dressoir. Louis XI, assis dans une grande chaire sculptée, garnie de coussins d'écarlate et d'or; Simon Fourniez et Nicole Andry sont réunis autour d'une table encore chargée de fruits et de cruches d'argent remplies de vin. Nicole, en achevant le conte qu'elle vient de dire, se lève pour verser, à boire au Roi.

SCÈNE PREMIÈRE

LE ROI, SIMON FOURNIEZ, NICOLE ANDRY, OLIVIER-LE-DAIM, Deux Pages.

NICOLE, *se levant et versant à boire au Roi.*

Oui, Sire, c'est ainsi que, sous le règne du feu roi[1], votre père, la demoiselle Godegrand épousa un pendu, que des écoliers avaient décroché par plaisanterie et mis

---

[1] Charles VII, roi de 1422 à 1461, sauva la France, grâce à l'appui de Jeanne d'Arc.

dans la chambre de la vieille fille, pendant qu'elle était à vêpres.

LE ROI, *riant*.

A la bonne heure. Messire Olivier-le-Daim[1], que dites-vous de cette plaisante histoire?

OLIVIER-LE-DAIM.

Je dis, Sire, que le jeune garçon avait été mal pendu.

LE ROI.

Naturellement. Tu vois d'abord le vrai des choses. (*A Nicole Andry*.) C'est égal, voilà un réjouissant propos. C'est plaisir de vous entendre, belle Nicole. Pourquoi vous tenir si loin de moi?

NICOLE.

Par respect, Sire.

LE ROI.

Approchez!

NICOLE.

Je n'oserais.

LE ROI.

Eh! bien, j'oserai, moi!

NICOLE.

Oh! Sire!

LE ROI.

Quel âge avez-vous comme cela?

NICOLE.

J'ai vingt-quatre ans, Sire.

LE ROI.

Ce n'est pas le bon âge pour rester veuve. Surtout quand on est la beauté la mieux fleurie de notre ville de

---

[1] Olivier-le-Daim, ou le-Diable, valet de chambre et barbier du roi, se fit créer comte de Meulan. Après la mort de Louis XI, sous la régente Anne de Beaujeu, il fut pendu, 1484.

Tours. N'est-ce pas vous qu'on nomme partout la belle Drapière?

NICOLE.

Oh! Sire, on me nomme ainsi, parce que j'ai été célébrée sous ce nom-là dans une chanson qui est devenue fameuse aux veillées d'hiver.

LE ROI.

Et qui a fait cette chanson? Un amoureux de ces yeux malins?

NICOLE.

Un amoureux! Oh! non, Sire. C'est Gringoire!

LE ROI.

Qu'est cela, Gringoire?

OLIVIER-LE-DAIM.

Rien du tout, Sire.

SIMON FOURNIEZ.

Un comédien, un farceur bien réjouissant. Ma foi! il est bien le plus effaré et le plus affamé des enfants perdus.

LE ROI.

Ce qui ne l'empêche pas, à ce qu'il paraît, de se connaître en aimables femmes, et de louer triomphalement la plus belle de toutes.

NICOLE, *à Simon Fourniez.*

Voyez-vous pas que le Roi m'attaque de galanterie? Mon frère, défendez-moi!

SIMON FOURNIEZ.

Oh! notre sire le Roi aime à rire, mais tu es une prude femme, et tu sais bien te défendre toi-même.

NICOLE.

Alors, Sire, laissez-moi boire à la santé de celui qui

punit expressément en ce royaume tous les affronteurs de renommée et larrons d'honneur !

LE ROI, *pressant Nicole.*

Ah ! ceci c'est de la trahison, et il faut que je me venge.

NICOLE, *s'agenouillant devant le Roi et élevant son verre.*

Je bois à la santé du Roi ! à ses longs jours !

LE ROI, *s'arrêtant.*

Contre une femme d'esprit, le diable perd ses peines.

NICOLE.

A son triomphe sur tous ses ennemis !

LE ROI.

Pardieu ! les plus cruels de tous, ce sont ces yeux qui me brûlent comme le feu d'enfer ! Mais, que tenter contre un ennemi qui me met dans l'impossibilité de le battre et de le poursuivre ? Dira-t-on que le roi Louis a eu peur ?

NICOLE.

Si quelqu'un disait cela, les Anglais de Dieppe[1] et les Suisses de Bâle répondraient qu'il en a menti.

SIMON FOURNIEZ.

Bien dit, ma sœur. Et si le Roi est le plus vaillant capitaine de son royaume, il en est aussi le seigneur le plus juste, et le moins fier, peut-être ! C'est pourquoi j'ose le remercier de la grâce qu'il nous a accordée en daignant s'asseoir à table chez un de ses bourgeois.

LE ROI.

Dis chez un de ses amis, Simon Fourniez. Tu n'es pas pour moi un simple bourgeois et le premier venu ! Je n'ai pas oublié les bonnes heures que nous avons passées

---

[1] Louis, étant Dauphin de France, repoussa les Anglais à Dieppe, en 1442, et battit les Suisses, près de Bâle, en 1444.

dans ton jardin, celui-là même qui entoure cette maison
amie, quand je n'étais encore que dauphin de France.
Au moment si cruel où je faisais à mes dépens le dur
apprentissage de la vie, toi, humble et fidèle serviteur,
tu m'as aidé de ta bourse ; bien plus, tu as risqué ta vie
pour moi. Je sais comment ! Ce sont des souvenirs
que rien ne peut effacer, mon brave et digne ami Simon.
Sans compter que ta fille Loyse est ma filleule !

SIMON FOURNIEZ.

Ah ! Sire, pardonnez. Je pleure de joie. Je n'ai pas
attendu, moi, pour me donner à vous, que vous fussiez le
roi et le maître tout-puissant, car il ne nous avait fallu
qu'un moment pour nous entendre ! Bourgeois né dans
le peuple, pensant et sentant comme lui, je devinais
avec quelle ardeur vous aimiez notre pauvre pays déchiré.
Or, il nous fallait un chef, un chef à la main rude et
vaillante, qui fût un père pour nous, un maître inflexible
pour les bergers qui tondaient de trop près notre laine.
Vous étiez notre homme, et nous le comprenions !

LE ROI.

Voilà parler. Vive Dieu ! Simon Fourniez, tu as
raison, mon peuple et mes bourgeois sont ce que je préfère
à tout au monde. Si je suis venu aujourd'hui te demander
à souper, c'est que, Dieu merci, je puis enfin prendre un
peu de repos : je l'ai gagné ! Je veux jusqu'à ce soir me
réjouir librement avec vous, et me donner la récréation
de n'être plus le roi. Les mauvais jours de Péronne et
de Liège[1] sont passés, mes amis ! (*Se frottant les mains.*)
Mon cousin de Bourgogne perd son temps du côté de
la Gueldre et du landgraviat d'Alsace !

---

[1] En 1467, Louis fut emprisonné à Péronne (Somme) par Charles
le Téméraire, duc de Bourgogne, contre qui il fit révolter Liège ; il
sortit enfin de ce mauvais pas "en travaillant et gagnant les ministres"
de son adversaire.

NICOLE.

Mais on assure que le sournois veut établir en Champagne monseigneur votre frère de Normandie[1]...

SIMON FOURNIEZ.

Pour se ménager un passage entre ses Ardennes et sa Bourgogne !

LE ROI.

Oui, il a été question de cela. Oh ! le duc Charles est fin et rusé !

SIMON FOURNIEZ, *devinant le Roi.*

Mais on peut trouver plus fin et plus rusé que lui !

LE ROI.

Que dirais-tu, par exemple, ami Simon, si, en renonçant à la Champagne, mon frère recevait de moi en échange la Guyenne et l'Aquitaine ?

SIMON FOURNIEZ.

Je dis que ce serait un bon tour !

LE ROI.

Et un bon troc ! pour un jeune homme ami du plaisir, comme l'est monsieur notre frère. Aussi ne le refusera-t-il certainement pas.

OLIVIER-LE-DAIM, *s'avançant.*

Vous le croyez, Sire ?

LE ROI.

Si je le crois, Olivier ? (*Avalant une gorgée de vin.*) C'est La Balue[2] que j'ai chargé de la négociation. Je compte sur La Balue : c'est un serviteur fidèle, celui-là.

---

[1] Charles, duc de Berri, mourut en 1472.

[2] Aumonier de Louis XI, évêque d'Angers et cardinal, fut emprisonné pendant de longues années à cause de ses intrigues avec Charles le Téméraire ; délivré, il se retira à Rome mais revint en France avec le titre de légat ; mourut à Ancône, 1491. On a dit de lui : "Il ne lui manqua d'autre vice que l'hypocrisie."

OLIVIER-LE-DAIM.

Tellement fidèle que le Roi ne tardera pas à en être surpris !

LE ROI, *posant son verre.*

Que veux-tu dire ?

OLIVIER-LE-DAIM.

Moi, Sire ? Rien. (*A part.*) Laissons-lui sa bonne humeur. Elle m'est nécessaire.

LE ROI, *se levant et allant à lui.*

Qu'est-ce donc, maître Olivier ? Qu'avez-vous à murmurer ainsi entre vos dents ? Nierez-vous par hasard que je n'aie en main les cartes, et que l'avantage ne me soit revenu ?

OLIVIER-LE-DAIM.

Non pas, Sire. Il n'aurait pas été naturel que le plus fin joueur perdît sans cesse !

LE ROI.

Aussi ramasserai-je les enjeux, mes enfants. Donc, réjouissons-nous, Simon, et verse-nous ton vieux vin qui est le sang vermeil de la belle Touraine.

SIMON FOURNIEZ, *remplissant le verre du Roi.*

Il est à vous, Sire !

Les valets et les pages portent la table dans un coin de la salle et préparent le fauteuil du Roi.

LE ROI, *après avoir bu.*

Et maintenant, je vais te montrer que, si tu m'aimes, tu n'as pas affaire à un ingrat.

SIMON FOURNIEZ.

Ah ! Sire !

LE ROI.

La guerre n'est pas tout, mon compère. Le commerce,

tu le sais, est aussi la force d'une nation. Or, j'ai de
graves intérêts à débattre avec mes amis les Flamands.

SIMON FOURNIEZ.

Bon !

LE ROI, *s'asseyant dans son fauteuil.*

Et il m'est venu à l'esprit de faire de toi mon ambassadeur.

SIMON FOURNIEZ.

Ambassadeur !   Moi !   Votre Majesté a daigné songer
à moi pour une telle mission !   Mais c'est impossible ;
je ne saurais parler comme il faut à des seigneurs.

LE ROI.

Ce n'est pas avec des nobles que tu vas négocier,
mais avec des chaussetiers et des batteurs de cuivre.
Mieux que personne, tu fais mon affaire.

SIMON FOURNIEZ, *avec embarras.*

Oui...mais ma boutique, Sire !

LE ROI.

Bon !   Elle est la plus achalandée de toute la ville !
Au besoin, tes draperies se vendraient toutes seules.

NICOLE.

Sire, je devine bien la pensée de mon frère.   Ce n'est
pas son commerce qui l'inquiète ; c'est Loyse, qu'il
n'oserait confier à personne, pas même à vous, pas même
à moi.

SIMON FOURNIEZ.

Si encore Loyse était mariée !

LE ROI.

Qu'à cela ne tienne.   Marions-la.

SIMON FOURNIEZ.

Si Votre Majesté croit que c'est facile ! Je n'ai jamais formé d'autre vœu que celui-là. Mais Loyse y met de l'entêtement ; jusqu'à présent elle m'a résisté.

LE ROI.

Peut-être aurai-je plus de crédit auprès d'elle.

SIMON FOURNIEZ.

Mais encore faudrait-il trouver un épouseur !

OLIVIER-LE-DAIM, *s'approchant*.

Ce n'est pas là le difficile, maître Simon. Mademoiselle Loyse n'est-elle pas jolie comme une petite fée ?

LE ROI, *regardant Olivier*.

Tu t'en es aperçu ?

OLIVIER-LE-DAIM.

Qui ne s'en apercevrait, à moins d'être aveugle ?

LE ROI.

C'est juste. Et à ce charme de gentillesse et de beauté, Loyse en réunit d'autres encore. Elle a un père qui possède des prés...

SIMON FOURNIEZ.

Des prés superbes !

LE ROI.

Des vignobles...

SIMON FOURNIEZ.

Qui produisent le meilleur vin de Tours !

LE ROI.

Et sur les coteaux voisins...

SIMON FOURNIEZ.

De beaux et nombreux moulins que le vent ne laisse pas dormir !

LE ROI.

Puis Loyse est notre filleule. C'est un bon parti.

SIMON FOURNIEZ.

Un parti superbe pour un riche bourgeois de notre bonne ville. C'est ce que je lui dis chaque jour. Mais elle ne m'écoute pas.

OLIVIER-LE-DAIM.

Si alors vous lui proposiez quelque chose de mieux ?

SIMON FOURNIEZ, *blessé*.

De mieux qu'un bourgeois !

LE ROI, *ironiquement*.

Tu ne devines pas, Simon ? Messire Olivier, par exemple, qui, après une jeunesse pleine de travaux et d'aventures, me semble très désireux de faire une fin !

SIMON FOURNIEZ, *affectant la modestie*.

Une pareille fin n'est pas digne de monsieur votre barbier, Sire ! La Providence, sans doute, lui en garde une meilleure.

OLIVIER-LE-DAIM.

Hein ?

SIMON FOURNIEZ, *avec bonhomie*.

Je dis ce que tout le monde dit.

LE ROI.

Eh bien ! nous consulterons Loyse elle-même. Sois tranquille, mon compère, j'ai fait des choses plus difficiles. Mais à propos, qu'est-elle devenue, ma gentille Loyse ? Est-ce qu'elle nous tient rigueur ? Il me tarde pourtant de la voir sourire, et d'écouter son gracieux babil !

SIMON FOURNIEZ.

Tenez, Sire, la voici. Il semble qu'elle ait deviné le désir de Votre Majesté...et le mien.

SCÈNE II

LE ROI, SIMON FOURNIEZ, NICOLE ANDRY,
OLIVIER-LE-DAIM, LOYSE.

LE ROI, *souriant à Loyse, avec bienveillance.*

C'est toi, ma Loyse ?

LOYSE, *s'agenouillant sur un coussin, aux pieds du Roi.*

Oui, Sire.   Oh ! je ne vous oubliais pas !

LE ROI.

Sais-tu ce que me disait mon ami Simon ?   Il prétendait
que tu m'es comme lui toute dévouée, et que, de même
que lui, tu ne saurais me refuser nulle chose au monde.

LOYSE.

Essayez, Sire.

LE ROI, *lui tenant la tête entre ses mains et la regardant*
avec tendresse.

Écoute.   Je veux que tu sois contente.   Il n'y a pas
de chose à quoi je tienne davantage, car, (*en confidence*)
je ne te l'ai jamais dit, (*gravement*) si les étoiles ne mentent
pas, j'ai de bonnes raisons de croire que mon bonheur est
lié au tien.

LOYSE, *avec élan.*

Alors, faites-moi bien vite heureuse !

LE ROI, *à part.*

Chère âme de colombe !   (*A Loyse*) Veux-tu m'obéir ?

LOYSE.

Oh ! de tout mon cœur.

LE ROI.

Eh bien ! ma mignonne, il faut que tu te maries.

LOYSE.

C'est cela que vous vouliez me demander ?

LE ROI.

Oui.

LOYSE, *avec regret.*

Oh! quel dommage!

LE ROI.

Et pourquoi cela, brunette? Te voilà grande, jolie, rose comme un avril en fleur; un tel trésor ne peut pas rester sans maître. Dis un mot, et tu auras le plus généreux des marchands de Tours! Tu souris? Je crois te comprendre. Les drapiers et les merciers de notre bonne ville ont des terres, des vignes au soleil, mais ils ont aussi pour la plupart le chef blanc et le dos voûté. Et celui à qui tu penses quand tu es toute seule, est un jeune apprenti aux cheveux blonds qui n'a que son aune! Ce n'est pas là un obstacle. Par ma patronne! j'enrichirai si bien l'apprenti qu'il pourra festoyer son ancien maître sur une nappe peluchée, dans une bonne et solide vaisselle d'argent. Ainsi, nomme-le sans crainte.

LOYSE.

Sire, je ne me soucie pas plus d'un apprenti que d'un marchand.

SIMON FOURNIEZ, *avec colère.*

Peut-être que tu nous trouves de trop basse lignée pour toi!

LOYSE, *au Roi.*

Il ne m'appartient pas de rabaisser l'état que mon père exerce avec honneur,—

SIMON FOURNIEZ.

Eh bien, alors?

LOYSE, *continuant.*

Mais je ne vois pas de différence entre une boutique et une prison. Quoi! rester ainsi dans cette ombre, dans cet ennui, quand le monde est si grand, quand il y a tant de cieux, tant de terres, tant de rivières, tant d'étoiles!

LE ROI.

Tu ne veux pas d'un marchand?...Tu te tais?

LOYSE.

Sire...

NICOLE.

Soyez tranquille, Sire. Loyse me dit tout, et je la confesserai.

LOYSE.

Je n'ai pas de secrets, ma tante. Le Roi le sait bien, ma mère était fille d'un drapier de Tours. Toute petite enfant, comme elle jouait sur les bords de la Loire, elle avait été enlevée par des Bohémiens. Douze ans plus tard on la retrouva par miracle, restée sage, vertueuse et douce, mais elle avait gardé de sa vie errante l'amour de vivre au grand air et le désir de l'espace infini. Mon bon père l'a épousée avec une sincère amitié et l'a rendue heureuse,—

SIMON FOURNIEZ.

Ma pauvre femme!

LOYSE.

Et cependant elle est morte jeune, quoique entourée de soins et d'amour. Elle songeait toujours aux pays bénis où les fruits et les fleurs naissent ensemble dans la lumière. J'ai dans les veines le sang de ma mère: voilà pourquoi, Sire, je ne veux pas épouser un marchand.

SIMON FOURNIEZ.

Princesse!

LE ROI.

Veux-tu un soldat?

LOYSE.

Non, Sire. Rester à la maison quand mon mari subirait les hasards et les dangers de la bataille! Ne serait-ce pas endurer lâchement un supplice de toutes les minutes ?

LE ROI.

Ainsi ton cœur ne dit rien ?

NICOLE, *au Roi.*

Rien, Sire.

LOYSE, *naïvement.*

Si fait ! Mais ce qu'il me dit est bien confus. (*Elle s'approche doucement du Roi et, pensive, appuie sa tête contre la chaire dans laquelle il est assis.*) Il me semble que j'aime un homme qui, sans doute, n'existe pas, puisque je le voudrais vaillant comme un capitaine et capable d'une action héroïque, mais doux comme une femme. Et voyez si mes rêveries sont folles ! quand je songe à cet ami inconnu, je le vois parfois malade et chétif, et ayant besoin de ma protection, comme si j'étais sa mère ! Vous voyez bien que je suis une petite fille, ne sachant pas même ce qu'elle veut, et qu'il faut me laisser du temps pour que je lise plus clairement en moi-même.

SIMON FOURNIEZ.

Autant laisser à un chat le temps de dévider un peloton de fil ! Ah ! tu ne veux pas de mari ! Eh bien, je te promets une chose, c'est que tu en auras un avant qu'il soit peu.

LOYSE.

Non, mon père, laissez-moi libre, avec mes fleurs, au grand air et au grand soleil !

SIMON FOURNIEZ, *outré.*

Au grand soleil ! (*Au Roi.*) Sire, ordonnez-lui de m'obéir.

LE ROI.

Ah ! Simon, ici, je ne suis pas le roi !

LOYSE, *avec câlinerie.*

Mon bon père, gardez-moi.   Ne me chassez pas.

SIMON FOURNIEZ.

Tiens, sais-tu ce que je finirai par faire, un beau jour ?
Je t'enfermerai à double tour dans ta chambre, et tu
n'en sortiras que lorsque tu seras soumise à ma volonté.

LOYSE, *avec une révérence.*

Ne vous fâchez pas, mon père.   J'irai moi-même.
J'y vais tout de suite, mais (*joignant les mains*) ne me
mariez pas. (*Au Roi.*)   Au revoir, mon parrain !

LE ROI.

Pauvre Loyse !

Loyse sort avec une gracieuse mutinerie enfantine.

SCÈNE III

LE ROI, SIMON FOURNIEZ, NICOLE ANDRY,
OLIVIER-LE-DAIM.

LE ROI.

Tu l'as encore mise en fuite, Simon !

SIMON FOURNIEZ.

Je veux la réduire à l'obéissance !   C'est à moi de
montrer de la fermeté, puisque Votre Majesté n'a pas
voulu décider sa filleule à être heureuse !

LE ROI.

Bah ! les gens n'aiment pas plus à tenir leur bonheur
des mains d'un autre que les anguilles à être écorchées
vives !

OLIVIER-LE-DAIM.

Ceux dont parle Votre Majesté sont les ingrats.

LE ROI.

Autant dire : tout le monde !

SIMON FOURNIEZ.

Ah ! Sire, je suis un père volé, assassiné. Adieu mon ambassade ! Je ne verrai pas vos batteurs de cuivre.

LE ROI.

Calme-toi. Le refus de Loyse tient tout simplement à ce qu'elle n'aime encore personne. Il ne s'agit que de chercher celui qu'elle peut aimer.

NICOLE, *au Roi*.

Et notre Loyse n'aura plus guère souci de tant voir les pays lointains, le jour où quelqu'un sera devenu pour elle tout l'univers !

LE ROI.

Bon ! Mais encore faut-il trouver ce quelqu'un. (*On entend au dehors un grand bruit et des éclats de rire prolongés.*) Quel est ce tumulte ? (*Simon Fourniez va à la fenêtre à droite, et tout à coup éclate de rire.*) Qu'est-ce donc ?

SIMON FOURNIEZ, *riant*.

Sire, c'est Gringoire !

OLIVIER-LE-DAIM, *à part*.

Gringoire ! Ici ! Les maladroits le laissent approcher de cette place !

SIMON FOURNIEZ.

Oh ! le voilà devant la boutique de mon voisin le rôtisseur. Ses yeux semblent vouloir décrocher les poulets dorés. Il mange la fumée, Sire ! Ma foi, Gringoire est un drôle de corps.

OLIVIER-LE-DAIM, *à Simon Fourniez*.

Oui, et ce drôle de corps s'arrête souvent sous les fenêtres de votre maison ; particulièrement sous celles de votre fille.

NICOLE.

Où est le mal?

SIMON FOURNIEZ.

Il a de si bonnes chansons! (*Il chante.*)

Satan chez nous s'est fait barbier!
Il tient le rasoir...

Rencontrant le regard d'Olivier-le-Daim et achevant entre ses dents.

dans sa griffe!

(*A part.*) Oh! le diable! j'oubliais!

OLIVIER-LE-DAIM.

Ces chansons, maître Fourniez, il paraît qu'on les écoute ici?

NICOLE, *avec résolution.*

Sans doute.

OLIVIER-LE-DAIM.

Prenez garde. Il ne faudrait pas trop vous en vanter.

LE ROI.

Pourquoi cela?

OLIVIER-LE-DAIM.

C'est que, parmi ces chansons effrontées, qui ne respectent personne,—

LE ROI.

Je le vois.

OLIVIER-LE-DAIM, *continuant.*

Il y a une certaine *Ballade des Pendus*, comme on l'appelle, qui doit mériter la corde à celui qui l'a composée.

NICOLE, *à part, avec effroi.*

La corde!

LE ROI.

Eh quoi! Nicole, c'est ce brave compagnon dont vous me parliez qui met ainsi en émoi tout le populaire?

SIMON FOURNIEZ, *au Roi.*

Sait-il seulement ce qu'il fait? Gringoire, Sire, est un enfant.

OLIVIER-LE-DAIM.

Un enfant méchant et dangereux, comme tous ses pareils! Les rimeurs sont une sorte de fous qu'on n'enferme pas, je ne sais pourquoi, bien que le plus sain d'entre eux soupe du clair de lune, et se conduise avec moins de jugement qu'une bête apprivoisée.

NICOLE, *indignée.*

Oh! (*Au Roi.*) Est-ce la vérité, Sire?

LE ROI.

Pas tout à fait, et messire Olivier-le-Daim est un peu trop fier. Vous semblez, Nicole, vous intéresser vivement à ce rimeur, qui vous a chantée...

NICOLE.

Oui, Sire. J'avoue hautement que je l'aime.

LE ROI.

Vous l'aimez?

NICOLE.

Cordialement. Et si Gringoire n'était fier comme l'empereur des Turcs, il aurait toujours chez nous une place au foyer et un bon repas. Quand je le vis pour la première fois, c'est il y a trois ans, par le rude hiver qu'il fit alors, où pendant deux mois la terre fut toute blanche de neige. Gringoire était assis sous le porche d'une maison de la rue du Cygne; il avait sur ses genoux deux petits enfants égarés qu'il avait trouvés pleurant après leur mère, et grelottant de froid. Il avait ôté de dessus ses épaules son méchant pourpoint troué pour les envelopper dedans, et, resté à demi nu, il berçait les petits, en leur disant un cantique de la sainte Vierge.

LE ROI, *après avoir rêvé.*

Je veux voir ce Gringoire.

OLIVIER-LE-DAIM.

Ah !

NICOLE.

Ah ! Sire ! vous avez là une idée de roi. Pauvre garçon ! le voilà déjà qui triomphe de son étoile !

OLIVIER-LE-DAIM.

Appeler devant le Roi ce baladin !

LE ROI.

J'ai dit : Je veux.

OLIVIER-LE-DAIM, *changeant de pensée.*

Soit !

Il s'incline devant le Roi, et va donner un ordre aux officiers placés dans la pièce voisine.

LE ROI, *négligemment.*

Le jeu en vaut un autre. Et je trouve qu'il n'y a pas de festin excellent, s'il ne se termine par quelque bonne drôlerie et joyeuseté.

SIMON FOURNIEZ.

C'est mon avis. Gringoire nous dira une de ses farces ...bien salées ! Celle de Patelin[1], par exemple...Bée... bée...bée...bée !

OLIVIER-LE-DAIM, *au Roi.*

Votre Majesté va être obéie. Gringoire va venir, et je lui ferai dire quelques rimes. Seulement, je n'assure pas qu'elles amuseront Votre Majesté !

LE ROI.

Nous verrons bien ! et pour peu que ses chansons

---

[1] *Maître Patelin*, farce amusante du XVe siècle.

soient moins méchantes que tu ne le prétends, puisque
Gringoire est si affamé, nous avons là de quoi lui faire
fête. (*On sert les mets sur la table.*) Ça ne lui déplaira
pas.

SIMON FOURNIEZ, *allant vers la porte.*

Le voici.

SCÈNE IV

LE ROI, OLIVIER-LE-DAIM,
NICOLE ANDRY, SIMON FOURNIEZ, GRINGOIRE,
Les Archers.

Gringoire entre au milieu des archers, pâle, grelottant,
et comme ivre de faim.

GRINGOIRE.

Ah çà, messieurs les archers, où me conduisez-vous?
(*Aux archers.*) Pourquoi cette violence? (*Les archers se*
taisent.) Ce sont des gendarmes d'Écosse[1] qui n'entendent
pas le français. (*Sur un signe d'Olivier-le-Daim, les archers*
lâchent Gringoire, et sortent ainsi que les pages.) Hein?
Ils me lâchent à présent! (*Apercevant le Roi et Olivier-*
le-Daim.) Quels sont ces seigneurs? (*Flairant le repas.*)
Dieu tout-puissant, quels parfums! On me menait donc
souper? On me menait, de force, faire un bon repas!
La force était inutile. J'y serais venu de bonne volonté.
(*Admirant l'ordonnance du repas.*) Des pâtés, de la
venaison, des grès pleins de bon vin pétillant! (*Au Roi et*
à Olivier-le-Daim.) Je devine; vous avez compris que
messieurs les archers me conduisaient en prison sans que
j'eusse soupé, et alors vous m'avez fait venir pour me
tirer de leurs griffes...de leurs mains, veux-je dire, et pour

[1] Compagnie, instituée par Charles VII, dont une centaine d'archers
forma sa garde personnelle. A partir du xviie siècle les officiers n'étaient
plus écossais, mais la dénomination de compagnie écossaise fut con-
servée jusqu'au xixe siècle.

me donner l'hospitalité, comme les potiers de terre firent à Homérus[1] !

LE ROI.

Dites-vous vrai, maître Gringoire ?   Vous n'avez pas encore soupé ?

GRINGOIRE.

Soupé ?   Non, messire.   Pas aujourd'hui.

NICOLE, *s'avançant, au Roi*.

Cela se voit de reste.   Regardez son visage défait et blême.

GRINGOIRE, *rassuré*.

Madame Nicole Andry !

SIMON FOURNIEZ, *s'avançant à son tour*.

Il meurt d'inanition.

GRINGOIRE.

Maître Simon Fourniez !   Dans mon trouble, je n'avais pas d'abord reconnu votre maison.

OLIVIER-LE-DAIM, *à Gringoire*.

Vous n'avez pas soupé ?   Alors, vous accepterez bien une aile de cette volaille ?

GRINGOIRE, *comme halluciné*.

Oui.   Deux ailes.   Et une jambe !

OLIVIER-LE-DAIM.

Voilà un vin de vignoble qui réveillerait un mort.

GRINGOIRE, *s'avançant vers la table*.

C'est mon affaire.

OLIVIER-LE-DAIM, *l'arrêtant du geste*.

Un instant !   Serait-il honnête de vous attabler ainsi sans apporter votre écot et payer votre part du souper ?

---

[1] Voir le poème charmant conservé dans la Vie d'Homère faussement attribuée à Hérodote.

GRINGOIRE, *décontenancé.*

Payer ? Je n'ai pas un rouge liard.

OLIVIER-LE-DAIM.

Si les Muses ne dispensent guère l'or et l'argent, elles ont su vous prodiguer d'autres trésors. Vous avez l'imagination, les nobles pensées, le don des rimes.

GRINGOIRE, *tristement.*

De pareils dons ne servent de rien quand on a grand' faim, et c'est ce qui m'arrive aujourd'hui. Que dis-je ? aujourd'hui ! Tous les jours.

OLIVIER-LE-DAIM.

Comprenez-moi. Je veux dire qu'avant de satisfaire votre appétit, vous nous direz une de ces odes que les Muses vous ont inspirées.

GRINGOIRE.

Oh ! messire, mon appétit est plus pressé que vos oreilles. (*Il va s'approcher de la table.*)

OLIVIER-LE-DAIM, *l'arrêtant.*

Non pas. Vos vers d'abord. Vous boirez et mangerez ensuite.

GRINGOIRE.

Je vous assure que ma voix est bien malade.

NICOLE, *à Gringoire.*

Bon courage !

GRINGOIRE, *à part.*

Allons, le parti le plus court est de céder, je le vois bien. (*Haut.*) Voulez-vous que je vous dise quelque morceau tiré de mon poème des *Folles Entreprises* ?

OLIVIER-LE-DAIM.

Non.

GRINGOIRE.

La Description de Procès et sa figure ?

OLIVIER-LE-DAIM, *l'interrompant.*

Non. Une ballade plutôt. Cela sent son terroir[1] gaulois.

GRINGOIRE, *agréablement surpris.*

Eh bien, celle qui a pour refrain : *Car Dieu bénit tous les miséricords* !

OLIVIER-LE-DAIM.

Non. Déclamez plutôt cette ballade... là... que vous savez... qui court la ville, et qui réjouit si fort ceux à qui on la chante tout bas ?

NICOLE, *à part.*

Ah ! je devine enfin !

GRINGOIRE, *avec méfiance.*

Je ne sais pas de quoi vous voulez parler.

NICOLE, *à part.*

Le méchant homme !

OLIVIER-LE-DAIM.

Bon. Allez-vous dire que vous ne connaissez pas la *Ballade des Pendus* ?

GRINGOIRE, *réprimant un tressaillement.*

Qu'est-ce que cela ?

OLIVIER-LE-DAIM.

La dernière ballade que vous avez composée.

GRINGOIRE, *très effrayé.*

Ce n'est pas vrai.

NICOLE.

Certainement.

LE ROI.

Laissez, dame Nicole. Écoutez.

---

[1] Un vin sent le terroir ; c'est-à-dire, il a le goût qui tient à la qualité du terroir ; pareillement, un homme sent son terroir, il a les traits caractéristiques de son pays.

NICOLE, *à part, regardant Gringoire avec pitié.*

Ah! le pauvre! Le barbier n'en laissera pas une miette!

OLIVIER-LE-DAIM.

Et qui pourrait de nos jours, hors l'illustre poète Gringoire, composer une ballade pareille à celle-là, dont les rimes se répondent si exactement d'un couplet à l'autre, comme des appels de cor dans la forêt?

GRINGOIRE, *flatté.*

Il est certain que les rimes en sont assez congrûment agencées!

OLIVIER-LE-DAIM.

Ah! vous la connaissez?

GRINGOIRE, *à part.*

Mon renom me trahit. (*Haut.*) Je serais, je vous l'assure, bien empêché de vous la dire. Je ne la sais pas.

OLIVIER-LE-DAIM.

Je vous croyais, comme nous, un fidèle serviteur du souverain, mais ayant le courage de penser haut et de dire la vérité à tous, même au Roi,—

GRINGOIRE, *un peu ébranlé.*

Ah! ce sont là vos façons!

OLIVIER-LE-DAIM.

Mais, puisque je me suis trompé, Dieu vous garde, messire Gringoire. Voici la porte de la rue.

GRINGOIRE, *avec regret.*

Quitter ce logis, ces parfums! sans avoir mangé!

OLIVIER-LE-DAIM.

C'est vous qui le voulez bien.

GRINGOIRE.

C'est le supplice de Tantalus, qui avait volé un chien d'or en Crète ! J'ai cent fois plus faim que tout à l'heure. (*Avec désespoir.*) Messires...

OLIVIER-LE-DAIM.

N'en parlons plus. Quittons-nous sans rancune. (*Il le pousse vers la porte.*)

GRINGOIRE, *désolé.*

Oui.

OLIVIER-LE-DAIM.

Notre pauvre souper, qui restera avec sa courte honte ! Admirez cette oie.

GRINGOIRE.

L'eau m'en vient à la bouche.

OLIVIER-LE-DAIM, *prenant le plat sur la table et le montrant à Gringoire.*

Voyez quelle chair grasse et succulente ! (*Il s'approche de Gringoire et lui passe le plat sous le nez.*)

GRINGOIRE.

Suave odeur ! Ce seigneur a raison. Il pense librement, mais il a bon cœur. (*Entraîné par la faim.*) Allons, puisque vous l'exigez...

NICOLE, *avec effroi.*

Que va-t-il faire ?

OLIVIER-LE-DAIM, *arrêtant Nicole du regard. Sévèrement.*

Dame Andry !

GRINGOIRE.

Vous aussi, madame, vous voudriez l'entendre ? Eh bien, puisque tout le monde le désire...

LE ROI.

Sans doute.

GRINGOIRE.

Je vais vous dire la *Ballade des Pendus*. (*Au Roi, avec orgueil et confidentiellement.*) Elle est de moi. (*Naïvement.*) C'est une idée que j'ai eue en traversant la forêt du Plessis[1], où il y avait force gens branchés. On les avait mis là, peut-être, de peur que la rosée du matin ne mouillât leurs semelles !

NICOLE, *à part*.

Il ne se taira pas !

LE ROI, *à Gringoire*.

Eh bien ?

GRINGOIRE.

M'y voici.

BALLADE DES PENDUS.

Sur ses larges bras étendus,
La forêt où s'éveille Flore[2],
A des chapelets de pendus
Que le matin caresse et dore.
Ce bois sombre, où le chêne arbore
Des grappes de fruits inouïs
Même chez le Turc et le More,
C'est le verger du roi Louis.

OLIVIER-LE-DAIM.

Cela commence bien !

Nicole se tourne vers le Roi et le supplie.

NICOLE, *au Roi*.

Par pitié !

LE ROI, *tranquillement, à Gringoire*.

La suite ?

---

[1] Plessis-lez-Tours, anciennement village et forêt près de Tours. Actuellement faubourg de Tours où se trouvent les ruines du château de Louis XI.

[2] Chez les Romains, la déesse des fleurs.

GRINGOIRE.

Tous ces pauvres gens morfondus,
Roulant des pensers qu'on ignore,
Dans les tourbillons éperdus
Voltigent, palpitants encore.
Le soleil levant les dévore.
Regardez-les, cieux éblouis,
Danser dans les feux de l'aurore,
C'est le verger du roi Louis.

OLIVIER-LE-DAIM, *répétant le refrain avec ironie.*

Le verger du roi Louis!

LE ROI, *toujours calme.*

Fort bien. (*A Gringoire.*) Poursuivez.

GRINGOIRE.

La troisième strophe est encore plus réjouissante.

LE ROI.

Est-ce vrai?

GRINGOIRE.

Vous allez voir.

Ces pendus, du diable entendus,
Appellent des pendus encore.
Tandis qu'aux cieux, d'azur tendus,
Où semble luire un météore,
La rosée en l'air s'évapore,
Un essaim d'oiseaux réjouis
Par-dessus leur tête picore.
C'est le verger du roi Louis.

NICOLE, *à part.*

Ah! malheureux!

Gringoire se retourne. Tous gardent le silence.

GRINGOIRE.

Eh bien, qu'en dites-vous? (*A part.*) Ils ne se
dérident pas. Il n'y a que le vieux qui a l'air très content.
Celui-là s'y connaît, sans doute.

LE ROI, *à Gringoire.*

Mais n'est-il pas d'usage qu'il y ait un *Envoi* après les trois couplets?

GRINGOIRE.

Oui! je voyais bien que vous n'étiez pas un profane.

LE ROI.

L'Envoi doit commencer, j'imagine, par le mot *Prince.*

GRINGOIRE.

Oh! cela est indispensable, comme les yeux d'Argus sur la queue du paon. *Prince!* Seulement, vous comprenez, je ne connais pas de prince.

LE ROI.

C'est fâcheux!

GRINGOIRE, *avec finesse.*

Je sais bien que je pourrais toujours offrir ma ballade au duc de Bretagne ou à monseigneur de Normandie.

LE ROI.

En effet. Qui t'en empêche?

GRINGOIRE, *simplement.*

C'est que j'aime bien trop la France... et même le roi Louis... malgré tout! Mais je suis comme vous. Je lui dis aussi des vérités. Qui aime bien...

LE ROI.

Châtie bien. C'est juste. Voyons *l'Envoi.*

GRINGOIRE.

ENVOI.

Prince, il est un bois que décore
Un tas de pendus, enfouis
Dans le doux feuillage sonore.
C'est le verger du roi Louis!

OLIVIER-LE-DAIM, *à Gringoire.*

Maître Gringoire, on ne saurait polir des vers d'un tour plus agréablement bouffon !

GRINGOIRE, *avec modestie.*

Ah ! messire !

LE ROI.

Vous pouvez être sensible à ces éloges.   On s'accorde à louer le goût de messire Olivier-le-Daim !

GRINGOIRE, *effrayé.*

Olivier-le-Diable !

OLIVIER-LE-DAIM.

C'est à vous que je le dois, Sire.

GRINGOIRE.

Le Roi !

LE ROI.

Oui, le Roi.

GRINGOIRE, *avec accablement.*

Le Roi ! Je ne souperai mie[1].

Gringoire affolé reste immobile.   Tous se taisent.

LE ROI, *à Gringoire.*

Vous ne dites plus rien ?

GRINGOIRE.

Sire, pour rester muet, je n'en pense pas moins.

LE ROI.

Vous songez peut-être qu'après avoir si bien chanté les pendus...

GRINGOIRE.

Rien ne saurait m'empêcher...

---

[1] Mie (Lat. *mica*), la partie du pain qui est entre les croûtes : le mot fut employé autrefois comme particule explétive pour renforcer une négation.

OLIVIER-LE-DAIM.

D'être pendu vous-même.

GRINGOIRE, *qui se sent déjà étranglé.*

Ah !

NICOLE, *suppliant le Roi.*

Sire !

Le Roi regarde Nicole d'un air d'intelligence.

LE ROI, *montrant Olivier-le-Daim.*

Il a parlé sans mon ordre. Mais il peut avoir dit vrai.

NICOLE, *bas au Roi.*

Je vous ai vu sourire. Le Roi pardonne.

LE ROI, *avec bonhomie.*

Je ne dis pas cela.

GRINGOIRE.

Pendu ! (*Au Roi, ingénument.*) Sans souper ?

LE ROI, *le regardant.*

Tu pourrais souper ?

GRINGOIRE.

Oui. Je pourrais très bien. Mais le Roi ne voudra pas que je soupe.

LE ROI, *riant tout à fait.*

Fi ! Quelle idée as-tu là ? C'est me prêter un esprit de vengeance indigne d'un chrétien et d'un gentilhomme. Je n'envoie pas mes amis se coucher à jeun. Tu souperas.

GRINGOIRE.

Enfin !

LE ROI.

Mange à ta faim et bois à ton désir...si le cœur t'en dit !

GRINGOIRE, *le visage illuminé et allant à la table.*

Je crois bien !

LE ROI, *à Nicole.*

Dame Nicole, vous avez là sous la main tout l'attirail de la meilleure buverie[1]. C'est vous qui remplirez son verre.

NICOLE.

Pour cela, oui, pauvre agneau! (*A part.*) Il est dans son bon jour!

SIMON FOURNIEZ.

C'est bien le moins qu'il boive.

LE ROI.

Vous, Olivier, vous servirez notre hôte.

GRINGOIRE.

Oh! je me sers tout seul.

OLIVIER-LE-DAIM, *humilié.*

Moi, Sire!

LE ROI.

Vous le pouvez sans déroger, sachez-le. Je n'oublie pas que je vous ai anobli. Mais un seigneur peut servir un poète.

GRINGOIRE, *fièrement.*

Est-ce donc ainsi? Eh bien! Sire, (*mettant un genou à terre*), pardonnez-moi! J'ai été coupable envers vous, mais puisque vous me prenez ma vie, je ne puis vous donner plus!

LE ROI, *à part.*

Bien. (*Montrant la table à Gringoire.*) Assieds-toi vite.

GRINGOIRE, *se relevant.*

C'est juste, je n'ai pas de temps à perdre, (*il s'assied à table et mange. Olivier-le-Daim le sert, Nicole Andry lui verse à boire*) si ce festin que je vais faire doit être le dernier que je fasse jamais! (*Le Roi s'est assis dans un fauteuil près de Gringoire et s'amuse à le regarder ; Gringoire boit et mange avec une avidité désespérée.*) Le dernier,

---

[1] C.-à-d. l'attirail de l'endroit où l'on boit beaucoup et le mieux.

que dis-je ! c'est bien le premier ! (*Il entame un pâté énorme.*) O le pâté mirifique avec ses donjons et ses tours ! Me croirez-vous ? Eh bien, voilà ce que je rêve depuis que je suis au monde. Comprenez ! J'ai toujours eu faim. Cela va bien un an, deux ans, dix ans ! mais à la longue on a faim tout de même. Tous les matins, je disais au soleil levant, tous les soirs aux étoiles blanches : " C'est donc aujourd'hui jour de jeûne ! " Elles me répondaient, les douces étoiles, mais elles ne pouvaient pas me donner de pain. Elles n'en avaient pas. (*A Olivier-le-Daim, qui lui passe un plat.*) Mille grâces, messire. (*Au Roi.*) Comme cela doit être facile d'être bon, quand on mange de si bonnes choses ! Moi, je suis très bon, croyez-moi, j'ai souci des plus misérables créatures,—

NICOLE, *au Roi.*

Bonne âme innocente !

GRINGOIRE, *continuant.*

Et pourtant, voilà la première fois que je touche, même des yeux, à de telles victuailles. (*A Nicole Andry, qui lui verse à boire.*) Merci, madame. Oh ! le joli vin clair ! Ah ! (*Il boit.*) Cela vous met dans la poitrine la joie, le soleil, toutes les vertus. Comme je vais bien vivre ! Qui donc prétendait que j'allais être pendu ? Je vous assure que je ne le crois plus du tout. (*Au Roi.*) A quoi cela vous servirait-il de pendre un nourrisson de Calliope[1] et du saint chœur parnassien, qui peut, Sire, raconter vos exploits à la race future, et les rendre aussi durables dans la mémoire des hommes que ceux d'Amadis de Gaule[2] et du chevalier Perséus[3]?

[1] Muse de la poésie héroïque.

[2] Le chevalier du Lion, héros imaginaire, fils de Périon, supposé roi de Gaule. Ses prouesses sont retracées dans un roman de chevalerie du XIVe siècle.

[3] Ou Persée, fils de Jupiter et de Danaë, qui tua Méduse et délivra Andromède.

LE ROI.

Tu as si bien commencé !

GRINGOIRE, *piteusement*.

Pas trop bien.

LE ROI.

Ces pendus, du diable entendus,
Appellent des pendus encore.

GRINGOIRE, *avec une expression de doute*.

Oh ! ils les appellent !...Voyez-vous, Sire, le bon sens n'est pas mon fort. (*Modestement*.) Je n'ai que du génie. Ah ! d'ailleurs, pendez-moi, que m'importe ! Je suis bien bon de m'occuper de cela. (*Il se lève*.) Que me reste-t-il à faire sur cette planète, déjà refroidie ? J'ai aimé la rose et le glorieux lis, j'ai chanté comme la cigale, j'ai joué des mystères à la gloire des saints et je ne vois pas ce que j'ai omis, sauf de laisser après moi de petits Gringoire pour frissonner de faim et pour coucher sur la terre dure. Or, franchement, ce n'est pas la peine. La seule chose que j'avais négligée jusqu'à présent, c'est de souper. Et j'ai bien soupé. J'avais offensé le roi notre Sire, je lui ai demandé pardon à genoux. Mes affaires sont en règle, tout va pour le mieux, et à présent, maître Simon Fourniez, je bénis le soir d'été où pour la première fois j'ai passé devant votre maison.

SIMON FOURNIEZ.

Quel soir d'été ?

Gringoire s'accoude d'abord sur le fauteuil du Roi, puis sans prendre garde à ce qu'il fait, s'y assied tout à fait. Olivier-le-Daim s'élance vers lui furieux, mais le Roi, du regard, arrête le barbier, et lui fait signe en souriant de ne pas troubler Gringoire.

GRINGOIRE, *se laissant aller à l'extase de sa rêverie, et peu à peu finissant par oublier la présence de ceux qui l'entourent.*

Voyez-vous, un poète qui a faim ressemble beaucoup à un papillon affolé. Le soir que je veux dire (c'était à l'heure où le soleil couchant habille le ciel de pourpre, rose et de dorure), en passant sur le Mail du Chardonneret[1], j'avais vu flamboyer dans leurs mailles de plomb vos vitres qu'il remplissait d'éclairs et d'incendies, et, sans savoir pourquoi, j'étais allé à la flamme ! Je m'approchai, et à travers ces belles vitres de feu, je vis resplendir la pourpre des fruits, je vis briller les orfèvreries et étinceler les écuelles d'argent, je compris qu'on allait manger là, et je restai en extase. Tout à coup, au-dessus même de cette salle, une fenêtre s'ouvrit, et une tête de jeune fille apparut, gracieuse et farouche comme celle de Phébé[2], la grande nymphe au cœur silencieux, quand elle aspire l'air libre de la forêt. Les rayons d'or qui se jouaient dans sa chevelure et sur son front vermeil lui faisaient une parure céleste, et je pensai tout de suite que c'était une sainte du paradis !

NICOLE, *bas au Roi.*

C'était Loyse !

GRINGOIRE.

Elle semblait si loyale, si fière ! Mais après, je compris que ce n'était qu'une enfant, en voyant un sourire empreint d'une ineffable bonté voltiger dans la lumière de ses lèvres roses. Alors, vous comprenez, mes pieds étaient cloués au sol et je ne pouvais détacher mes yeux de cette maison, où se trouvait justement réuni tout ce que j'étais destiné à ne posséder jamais, un bon souper

---

[1] Dans l'origine, lieu où on joua au mail ; maintenant nom d'une promenade publique. Chardonneret, petit oiseau qui affectionne le chardon.

[2] Ou Diane, déesse de la chasse.

servi dans une riche vaisselle, et une vierge enfant, digne de l'adoration des anges!

LE ROI, bas à Nicole.

Eh bien! Nicole, voilà un pauvre songeur qui admire comme il faut ma chère filleule! Que dis-tu de cela?

SIMON FOURNIEZ, à part.

Beau régal pour ma fille, d'être dévisagée par ce fantôme, qui est transparent comme la vitre d'une lanterne!

GRINGOIRE.

Je suis revenu chaque jour, car rien ne nous attire mieux que le sourire décevant des chimères! Mais, comme l'a dit un sage, à la fin tout arrive, même les choses qu'on désire. Aujourd'hui enfin, j'ai festiné comme Balthasar[1], prince de Babylone. Mais je formais un autre souhait, car l'homme est insatiable.

LE ROI, venant s'accouder sur le fauteuil où Gringoire est assis.

Ce souhait, quel est-il?

GRINGOIRE, s'apercevant de sa méprise, et se levant précipitamment.

J'aurais voulu apercevoir une fois de plus cette belle jeune demoiselle de la fenêtre,—

SIMON FOURNIEZ.

Pour cela, non.

OLIVIER-LE-DAIM, à part.

Bien.

GRINGOIRE, qui n'a pas entendu Simon Fourniez, continuant.

Mais je la reverrai, puisque vous me faites partir devant elle, et que vous m'envoyez l'attendre au ciel, où sont

---

[1] Chapitre v du livre de Daniel le prophète.

3—2

tous les anges. Donc, rien plus ne me soucie, et si le moment est venu à votre caprice, je puis gaiement et bravement mourir.

LE ROI, *à part.*

Il y a là un homme !

NICOLE, *à part.*

Le Roi ne dit pas encore qu'il fait grâce !

LE ROI, *bas à Nicole.*

Nicole, dis-moi : crois-tu que Loyse...pourrait aimer ce Gringoire ?

NICOLE.

Comment ?

LE ROI.

Ne t'étonne pas. Pourrait-elle l'aimer ?

NICOLE.

Plût à Dieu ! Mais...

Elle lui désigne le maigre visage de Gringoire.

LE ROI.

Je te comprends. (*A part.*) Elle a peut-être raison. (*Après avoir rêvé, et comme à lui-même.*) C'est égal, dans ce petit monde qui se tiendrait au creux de ma main, je vois l'homme et les fils qui le remuent, tout comme en des intrigues plus illustres, et cela m'amusera de voir la fin de notre conte.

OLIVIER-LE-DAIM.

Sire, puis-je à présent emmener d'ici maître Pierre Gringoire ?

LE ROI, *contrarié de l'obsession d'Olivier-le-Daim.*

Non. Qu'il reste. Je veux l'entretenir seul un moment.

OLIVIER-LE-DAIM.

Eh ! quoi ?

LE ROI, *sévèrement.*

M'avez-vous entendu ? Sortez, et ne rentrez pas ici
que je ne vous rappelle.

OLIVIER-LE-DAIM, *à part.*

Ce roi ne vaut rien quand il est bon. Il va faire
quelque sottise. Mais, patience !

Il s'incline devant le Roi et sort avec une rage sourde.

LE ROI.

Mon cher Simon, et vous dame Nicole, laissez-moi
seul, je vous prie, avec maître Pierre Gringoire. J'ai à
lui parler.

GRINGOIRE, *à part, tandis que Simon Fourniez et Nicole
Andry prennent congé du Roi et sortent.*

Me parler ! Bon saint Pierre, mon patron, que veut-il
me dire ?

SCÈNE V

LE ROI, GRINGOIRE.

LE ROI.

Pierre Gringoire, j'aime tes pareils, lorsqu'ils parlent
bien la langue rhythmée. Je te pardonne.

GRINGOIRE, *tombant à genoux.*

Ah ! Sire ! *Dieu bénit tous les miséricords !*

LE ROI.

Oui, je te pardonne. A une condition.

GRINGOIRE.

Faites de moi ce qu'il vous plaira.

LE ROI.

Je veux te marier.

GRINGOIRE.

Oh! Sire, pourquoi ne pas me faire grâce tout à fait?

LE ROI.

Comment! poète affamé! seras-tu si fort à plaindre
d'avoir près de ton foyer une bonne ménagère?

GRINGOIRE, *se levant.*

Sire, ne voulez-vous pas me punir plus cruellement
que je ne le mérite? Je ne me sens pas le cœur d'épouser
quelque douairière, contemporaine du roi Charlemagne[1].

LE ROI.

Celle dont je te parle a aujourd'hui dix-sept ans d'âge.

GRINGOIRE.

C'est donc que le ciel l'a affligée d'une laideur bizarre
et surnaturelle?

LE ROI.

Elle est aussi belle que jeune, et toute pareille à une
rose naissante.

GRINGOIRE, *pâlissant.*

Je devine, Sire. Mais libre et sans tache sous le ciel,
je me vois trop pauvre pour me passer d'honnêteté et de
renom.

LE ROI.

Tais-toi! la jeune fille dont tu seras l'époux est pure
comme l'hermine, dont rien ne doit ternir la blancheur
sacrée.

GRINGOIRE.

Tout de bon? (*Revenant à lui.*) Mais je n'ai d'autre
lit que la forêt verte et d'autre écuelle que ma main

[1] Charlemagne régna de 768 à 814.

fermée : je ne peux pas me mettre en ménage avec si peu de chose.

LE ROI.

Ne t'inquiète de rien. Tu dois bien penser que je n'oblige pas à demi.

GRINGOIRE.

Sire, vous êtes généreux comme le soleil de midi ! Mais qui décidera la jeune demoiselle à devenir ma femme ?

LE ROI.

Qui ? Toi-même. Tu la regarderas comme tu regardais tout à l'heure le souper de maître Simon, et tu lui diras : " Voulez-vous être ma femme ? "

GRINGOIRE.

Je n'oserai jamais.

LE ROI.

Il faut que tu oses.

GRINGOIRE.

Autant me proposer d'accompagner l'Iliade[1] sur un chalumeau de paille.

LE ROI.

Il ne s'agit que de plaire.

GRINGOIRE.

Justement. Avec le visage que voilà ! Je me sens laid et pauvre, et quand j'ai voulu bégayer des paroles d'amour, elles ont été accueillies si durement que je me suis jugé à tout jamais. Tenez, Sire, un jour (c'était dans la forêt qui est proche), je vis passer sur son cheval frémissant une jeune chasseresse égarée loin des siens. Son visage brillait d'une lumière divine, et elle était couverte d'or et de saphirs. Je me jetai à ses genoux en tendant les mains vers cette nymphe héroïque, et je

---

[1] Poème d'Homère sur la guerre de Troie.

m'écriai : " Oh ! que vous êtes belle ! " Elle arrêta son cheval et se mit à rire, si fort et si longtemps que j'eus peur de la voir mourir sur place. Une autre fois, j'osai parler d'amour à une paysanne, aussi pauvre que moi, et vêtue à peine de quelques haillons déchirés. Celle-là, ce fut autre chose, elle me regarda d'un air de profonde pitié, et elle était si affligée de ne pouvoir me trouver beau, que, sans rien dire, elle en versa deux grosses larmes. Les anges sans doute les ont recueillies.

LE ROI.

Ainsi tu t'abandonnes toi-même. Quand je te donne un moyen de vivre !

GRINGOIRE.

Chimérique !

LE ROI.

O couardise ! Rare lâcheté d'un homme qui hésite, ayant à son service une arme plus forte que les lances et les épées ! Quoi, tu es poète, par conséquent habile aux ruses et aux caresses du langage, et l'amour de la vie ne t'inspire rien ! Sache ceci : tant que notre salut dépend de quelqu'un, et que nous n'avons pas la langue coupée, rien n'est perdu. Il y a un an, Gringoire, ce roi qui te parle à présent, où était-il ? Tu t'en souviens ? A Péronne, chez le duc Charles. Prisonnier du duc Charles. Prisonnier d'un vassal intéressé à sa perte, violent, ne sachant lui-même s'il voulait ou ne voulait pas le sacrifier : c'est ce qu'on éprouve dans les commencements obscurs des grandes tentations ! Qui voyait-il autour du duc ? Ses ennemis à lui, des transfuges ! Son geôlier voulait se croire offensé. Pour logis de plaisance, il avait une tourelle[1] sombre où avait coulé le sang d'un roi de France, assassiné par un Vermandois ! Son or ! on le croyait

---

[1] En 929, Charles le Simple, retenu prisonnier par Hubert, comte de Vermandois, mourut dans le château de Péronne.

si bien perdu que ceux par qui il l'envoyait à ses créatures le mettaient dans leur poche. Rien ne pouvait le tirer de là, que sa pensée agile; mais, Dieu merci! il a pu parler à son ennemi, et le voici là, redouté, vainqueur, maître de lui et des autres, et prenant ses revanches. Et toi, Gringoire, toi qui as goûté le miel sacré, tu as à convaincre qui? une enfant, une fillette capricieuse, une femme, un être variable et changeant qui se pétrit comme de la cire molle! et tu as peur!

GRINGOIRE.

Oui.

LE ROI.

Et tu trouves plus facile de mourir!

GRINGOIRE.

Oui, Sire. Car si je parle, comme vous le voulez, à cette jeune fille inconnue, je sais bien ce qui arrivera. Elle se mettra à rire à gorge déployée, comme la jeune Diane de la forêt du Plessis.

LE ROI.

Elle ne rira pas.

GRINGOIRE.

Alors, elle pleurera, comme la mendiante. C'est l'un ou l'autre. On ne m'aime pas, moi! Et je n'aimerai plus.

LE ROI.

Tu n'es pas sincère. Mais je te devine. Tu redoutes, dis-tu, celle à qui je veux fiancer l'espoir de ta vie? Tu dis qu'elle ne peut t'aimer, Gringoire? Mais alors, pourquoi donc as-tu gardé dans tes yeux le vivant reflet de sa beauté angélique? Pourquoi as-tu le cœur plein d'elle? Pourquoi voulais-tu la revoir tout à l'heure?

GRINGOIRE.

Qui cela, Sire?

LE ROI.

Elle, pardieu ! la jeune fille de la fenêtre, celle que
tu as aimée en la voyant, celle que je veux te donner et
que tu refuses, la fille de Simon Fourniez, Loyse !

GRINGOIRE, *éperdu*.

Quoi !

LE ROI.

Eh bien oui, les deux ne font qu'une. La crains-tu
toujours ? Veux-tu encore mourir ?

GRINGOIRE, *près de défaillir*.

Oh ! Sire ! ne me dites pas qu'il s'agit d'elle, car alors
c'est tout de suite que je mourrais.

LE ROI, *observant curieusement Gringoire*.

Je te croyais plus brave. Que sera-ce donc quand tu
la verras, ici, tout à l'heure !

GRINGOIRE.

A cette seule pensée, mes jambes se dérobent, et je
sens que mon cœur va m'étouffer !

LE ROI.

Allons, allons, il faut en finir. (*Il va à la porte et
appelle.*) Holà, compère Simon ! dame Nicole ! (*Riant,
à Gringoire.*) Ma foi, j'ai cru que tu tomberais en
pâmoison, comme une femme !

SCÈNE VI

*LE ROI, GRINGOIRE, SIMON FOURNIEZ, NICOLE
ANDRY, LOYSE.*

NICOLE, *entrant*.

Il a pardonné !

SIMON FOURNIEZ, *amenant Loyse que le Roi ne voit
pas d'abord*.

Sire, nous voici.

LE ROI, *à Simon Fourniez.*

Eh bien, Simon, ta fille?

SIMON FOURNIEZ, *piteusement.*

Sire, je n'ai pas eu le courage de la laisser au cachot dans sa chambre.   Je me suis sottement attendri, comme un vieil oison.   (*Le Roi sourit.*)   Vous me trouvez faible, n'est-ce pas?

LE ROI, *riant.*

Au contraire.   Fais-la venir.

GRINGOIRE, *à part.*

C'est elle!

(*Il s'appuie sur un meuble, prêt à tomber en faiblesse.*)

LOYSE, *au Roi.*

Sire, je suis délivrée avec tous les honneurs de la guerre!   (*Elle embrasse Simon Fourniez qui se laisse faire et essuie une larme.*)   On m'a ouvert les portes de la citadelle, et je n'ai pas rendu mes armes!

LE ROI, *gaiement.*

Bon!   Mais il te reste à obtenir le pardon du Roi.

LOYSE, *riant.*

Oh! le Roi, je n'en ai pas peur!   (*Bas au Roi.*)   Il est juste, lui!

LE ROI.

Tu as raison.   (*Il prend Loyse sous son bras, et parle à demi-voix de façon à n'être entendu que de Loyse et de Nicole.*)   Dis-moi (*montrant Gringoire*), comment trouves-tu ce garçon?

LOYSE, *cherchant des yeux.*

Où donc?

LE ROI.

Là-bas.

LOYSE, *après avoir regardé Gringoire.*

Il n'est pas beau. Il a l'air triste, humilié.

NICOLE, *bas au Roi.*

Je vous l'avais bien dit, Sire.

LE ROI, *à Nicole.*

J'en aurai le cœur net. Je saurai si la lumière de l'âme intérieure ne saurait embellir parfois un pauvre visage, et si la flamme subtile d'un esprit ne peut suffire à éveiller l'amour! (*A Loyse.*) Pierre Gringoire, mon serviteur, a quelque chose à te demander de ma part. Il faut que tu lui accordes un moment d'audience.

SIMON FOURNIEZ.

Lui, Sire, ce meurt-de-faim parler pour vous! (*Riant.*) Ah! ah! ah! la bonne folie!

LE ROI, *à Simon Fourniez.*

Tu peux bien, n'est-ce pas, sur ma foi de gentilhomme, laisser quelques instants notre Loyse seule avec lui?

SIMON FOURNIEZ.

Oh! pour cela, Sire, tant qu'on voudra! voilà qui est sans danger. Gringoire est un enjôleur de filles que je pourrais mettre dans mon verger, comme un mannequin pour effrayer les oiseaux!

GRINGOIRE, *à part, douloureusement.*

Elle entend cela!

LE ROI, *à Loyse.*

Écoute ce jeune homme, je t'en prie. Veux-tu, Loyse?

LOYSE.

Oh! de grand cœur!

LE ROI.

Bien, ma fille. (*Voyant la porte s'ouvrir.*) Mais qui vient ici sans mon ordre? Olivier!

SCÈNE VII

LE ROI, GRINGOIRE,
SIMON FOURNIEZ, LOYSE, OLIVIER-LE-DAIM,
NICOLE ANDRY.

LE ROI, *à Olivier-le-Daim.*

Je vous avais interdit, monsieur, et par égard pour vous, d'assister à un entretien dans lequel j'entends décider du sort de Loyse.

OLIVIER-LE-DAIM, *à part.*

J'arrive à temps. (*Haut.*) Quand il s'agit des intérêts de Votre Majesté, ne dois-je pas, s'il le faut, enfreindre ses ordres ?

LE ROI.

Je connais ces prétextes hypocrites. Vous devez obéir, et rien de plus.

OLIVIER-LE-DAIM.

Même lorsque les plus chers projets de mon roi sont menacés ?

LE ROI.

Quels projets ?   Parlez, monsieur.

OLIVIER-LE-DAIM, *montrant les personnages présents.*

Devant eux ?

LE ROI.

Devant tous ! Parle, te dis-je, et malheur à toi si tu m'alarmes en vain !

OLIVIER-LE-DAIM.

Plût à Dieu, Sire, que Votre Majesté eût seulement à punir la désobéissance de son fidèle serviteur. Mais elle aura à châtier d'autres crimes plus dangereux que celui-là.

LE ROI.

Que veux-tu dire?

OLIVIER-LE-DAIM.

Cet échange de la Guyenne contre la Champagne...

LE ROI, *tressaillant, et d'un geste éloignant Loyse.*

Eh bien, cet échange?

OLIVIER-LE-DAIM.

Cet échange n'aura pas lieu.

LE ROI.

Vous dites?

OLIVIER-LE-DAIM.

Monseigneur votre frère le refuse.

LE ROI, *hors de lui.*

Il le refuse!

OLIVIER-LE-DAIM.

Vous vouliez que le duc de Bourgogne ignorât vos intentions?

LE ROI.

Oui.

OLIVIER-LE-DAIM.

Il les connaît.

LE ROI.

Quel est le traître?

OLIVIER-LE-DAIM.

Le traître, Sire, est celui qui par ses lettres avertissait de vos projets le duc Charles! J'ai pu enfin saisir un de ses courriers. Lisez, Sire! (*Il lui présente une lettre dépliée*) et Votre Majesté dira si j'ai fait mon devoir.

LE ROI, *après avoir jeté un coup d'œil sur la lettre.*

La Balue! Lui, ma créature! (*Lisant.*) " Croyez en toute vérité, Monseigneur, un serviteur discret qui est bien moins l'homme du Roi que le vôtre!" Ah! La Balue! mon ami, pour regretter de l'avoir écrite, cette lettre, tu auras à toi une nuit si longue, si noire et si profonde, que tu auras besoin d'un effort de mémoire pour te rappeler l'éclat du soleil et la clarté du jour!

LOYSE, *qui ne peut entendre, mais que la colère du Roi épouvante, à Simon Fourniez.*

Qu'a donc le Roi? Je ne l'ai jamais vu ainsi.

LE ROI, *se levant.*

Mais que dis-je? Il s'est enfui sans doute!

OLIVIER-LE-DAIM.

Pas si loin que je n'aie pu l'atteindre.

LE ROI, *respirant.*

L'imbécile! Nous le tenons! Merci, Olivier, tu es un bon serviteur, un fidèle ami. Je ne l'oublierai pas. (*Avec une fureur toujours croissante.*) Ah! mon courroux dormait, et on le réveille! Donc, ce n'est pas fini, messieurs les mécontents, et il vous faut des exemples profitables: vous en aurez! Vous vous imaginiez que la France n'est qu'un jardin fleurissant autour de vos donjons fermés? Non pas, mes maîtres: la France est une forêt dont je suis le bûcheron, et j'abattrai toute branche qui me gênera, avec la corde, avec le glaive, avec la hache!

OLIVIER-LE-DAIM.

Sire, monseigneur de La Balue est un prince de l'Église.

LE ROI.

Je le sais, sa vie est sacrée. Je ne toucherai pas à la vie de monsieur de La Balue. (*Pâlissant de rage.*) Mais je lui ménage une retraite...Partons!

SIMON FOURNIEZ, *s'approchant du Roi.*

Sire!

LE ROI, *se retournant.*

Quoi ? qu'est-ce ? que me veux-tu ?

SIMON FOURNIEZ.

Le Roi part sans me dire...

LE ROI.

Qu'ai-je à te dire ? N'ai-je pas perdu assez de temps aux commérages de ta boutique ?

SIMON FOURNIEZ, *suffoqué.*

Ma boutique !

LE ROI.

A ton aune, bonhomme, à ton aune !

SIMON FOURNIEZ, *ne sachant plus ce qu'il dit.*

J'y vais, Sire. Elle est en bas !

OLIVIER-LE-DAIM.

Mais Gringoire...

LE ROI, *comme dans un rêve.*

Gringoire ! qu'est cela, Gringoire ?

OLIVIER-LE-DAIM.

Le factieux qui raille la justice de Votre Majesté.

LE ROI.

Il la raille ? Qu'on le pende !

NICOLE.

Sire, Votre Majesté oublie qu'elle lui a pardonné.

LE ROI, *revenant à lui.*

C'est vrai. J'ai eu tort. J'ai suivi le premier mouvement, qui ne vaut rien. Pour un roi justicier l'indulgence est un crime. La bonté, le pardon, font des ingrats.

NICOLE.

Oh ! Sire !

LE ROI, *à Nicole.*

Laissez-moi. (*A Gringoire avec dureté.*) Pour racheter ta vie, je t'avais imposé une condition.

NICOLE.

S'il ne peut la remplir !

LE ROI.

Tant mieux : Dieu ne veut pas que je pardonne. (*A Gringoire.*) Au surplus, cela te regarde. Dans une heure, tu auras décidé de ta vie. Ce n'est pas assez des princes et des seigneurs ? Soit : j'irai encore, s'il le faut, chercher des rebelles à châtier jusque dans la boue ! (*Nicole veut parler ; le Roi, d'un geste, lui impose silence.*) Assez ! assez ! (*Il sort.*)

LOYSE, *à Simon Fourniez.*

Qu'est-ce donc, mon père ? qu'y a-t-il ? (*Regardant le Roi avec terreur.*) Quel changement !

SIMON FOURNIEZ, *et montrant le poing à Gringoire.*

A ton aune ! Et c'est pour ce misérable-là que le Roi me traite de la sorte ! Un gueux sans coiffe et sans semelle !

OLIVIER-LE-DAIM.

Maître Simon Fourniez, et vous dame Nicole Andry, retirez-vous, et que mademoiselle Loyse (*montrant Gringoire*) reste seule avec cet homme.

SIMON FOURNIEZ.

Ce va-nu-pieds avec ma fille !

NICOLE, *entraînant Simon.*

Le Roi le veut.

SIMON FOURNIEZ, *à Gringoire.*

Bouffon ! baladin ! (*S'arrachant de l'étreinte de Nicole et revenant sur ses pas.—Avec fureur.*) Comédien !

LOYSE.

Au revoir, mon père.

Simon Fourniez et Nicole Andry sortent.

OLIVIER-LE-DAIM, *à Gringoire.*

Dans une heure. (*Allant à la porte, s'adressant à l'officier placé en dehors.*) Veillez à ce que vos soldats gardent chaque issue de cette maison et que personne n'en sorte sous peine de la vie. (*Il disparaît. La porte se referme.*)

SCÈNE VIII

GRINGOIRE, LOYSE.

GRINGOIRE, *à part.*

Allons, Gringoire, voilà qui est le plus simple du monde. Couvert, comme tu l'es, de leurs insultes, fais-toi aimer d'elle ! En combien de temps, mes bons seigneurs ? En un instant, tout de suite ! A la bonne heure ! Il fallait donc le dire plus tôt : c'est si facile !

LOYSE, *à part.*

Que se passe-t-il donc ? Quel est cet homme ? Le Roi, qui veut que je l'écoute, l'accable en même temps de sa colère. Que va-t-il me demander ? Que puis-je pour lui ? (*Haut à Gringoire.*) Vous avez à me parler ?

GRINGOIRE.

Moi ? Pas du tout.

LOYSE.

Ce n'est pourtant pas ce que m'a dit le Roi.

GRINGOIRE.

Ah ! oui, le Roi m'a chargé de vous faire une proposition facétieuse et bizarre.

LOYSE.

Faites-la donc !

GRINGOIRE.

Vous la refuserez.

LOYSE.

Dites toujours.

GRINGOIRE.

Le Roi m'a chargé de vous demander...

LOYSE.

Quoi ?

GRINGOIRE.

Si vous vouliez...(*A part.*) Les mots ne passent pas.

LOYSE.

Si je voulais...

GRINGOIRE.

Non, si, moi, je pouvais...je me trompe ! Enfin, mademoiselle, le Roi...veut vous marier.

LOYSE.

Je le sais. Le Roi me l'a déjà dit. Mais qui ordonne-t-il que j'épouse ?

GRINGOIRE.

Il vous laisse libre, mademoiselle. Vous avez toujours le droit de refuser. C'est l'homme que le Roi vous propose qui serait obligé, lui, de se faire aimer de vous.

LOYSE.

Mais encore, quel est cet homme ?

GRINGOIRE.

Que vous importe ? (*Levant les épaules.*) Vous ne pouvez pas l'aimer.

LOYSE.

Que vous importe aussi ? Voyons, qu'est-il enfin ?

GRINGOIRE.

Ce qu'il est? Oh! je vais vous l'expliquer tout de suite. Figurez-vous ceci. Vous êtes toute mignonne et enchanteresse; lui, il est laid et souffreteux. Vous êtes riche et bien atournée; il est pauvre, affamé, presque nu. Vous êtes gaie et joyeuse; et lui, quand il n'a pas besoin de faire rire les passants, il est mélancolique. Vous voyez bien que vous proposer ce malheureux, c'est justement offrir un hibou de nuit à l'alouette des champs.

LOYSE, *à part, avec un effroi naïf.*

Est-ce lui? Oh! non! (*Haut.*) Vous vous jouez de moi. Le Roi m'aime; aussi n'est-il pas possible qu'il ait fait pour moi un choix pareil!

GRINGOIRE.

En effet, cela n'est pas possible. Mais cela est vrai, pourtant.

LOYSE.

Mais comment ce malheureux que vous me dépeignez a-t-il attiré l'attention du Roi?

GRINGOIRE.

L'attention du Roi? Vous dites bien. Il l'a attirée en effet, et plus qu'il ne voulait. Comment? En faisant des vers.

LOYSE, *étonnée.*

Des vers?

GRINGOIRE.

Oui, mademoiselle. Un délassement d'oisif. Cela consiste à arranger entre eux des mots qui occupent les oreilles comme une musique obstinée ou, tant bien que mal, peignent au vif toutes choses, et parmi lesquels s'accouplent de temps en temps des sons jumeaux, dont l'accord semble tintinnabuler follement, comme clochettes d'or

LOYSE.

Quoi! un jeu si frivole, si puéril, quand il y a des épées, quand on peut combattre! quand on peut vivre!

GRINGOIRE.

Oui, on peut vivre! mais, que voulez-vous, ce rêveur (et dans tous les âges il y a eu un homme pareil à lui) préfère raconter les actions, les amours et les prouesses des autres dans des chansons où le mensonge est entremêlé avec la vérité.

LOYSE.

Mais c'est un fou, cela, ou un lâche.

GRINGOIRE, *bondissant, à part.*

Un lâche! (*Haut, avec fierté.*) Ce lâche, mademoiselle, dans des temps qui sont bien loin derrière nous, il entraînait sur ses pas des armées, et il leur donnait l'enthousiasme qui gagne les batailles héroïques! Ce fou, un peuple de sages et de demi-dieux écoutait son luth comme une voix céleste, et couronnait son front d'un laurier vert!

LOYSE.

A la bonne heure, chez les païens idolâtres. Mais chez nous, aujourd'hui!

GRINGOIRE, *avec mélancolie.*

Aujourd'hui? C'est différent. On pense comme vous pensez vous-même.

LOYSE.

Mais qui a pu persuader au...protégé du Roi de prendre un pareil métier?

GRINGOIRE, *simplement.*

Personne. Le métier que fait ce chanteur oisif, ce poète (c'est ainsi qu'on l'appelait jadis), personne ne lui conseille de le prendre. C'est Dieu qui le lui donne.

LOYSE.

Dieu! et pourquoi cela? Pourquoi condamnerait-il des créatures humaines à être inutiles, et exemptes de tout devoir?

GRINGOIRE.

Aussi Dieu n'a-t-il pas de ces dédains cruels! Chacun ici-bas a son devoir: le poète aussi! Tenez, je vais vous parler d'une chose qui vous fera sourire peut-être, vous qui êtes toute jeunesse et toute grâce! car vous n'avez jamais connu sans doute ce supplice amer qui consiste à souffrir de la douleur des autres, à se dire dans les instants où l'on se sent le plus heureux: " En la minute même où j'éprouve cette joie, il y a des milliers d'êtres qui pleurent, qui gémissent, qui subissent des tortures ineffables, qui, désespérés, voient lentement mourir les objets de leur plus cher amour, et se sentent arracher saignant un morceau de leur cœur! " Cette chose-là ne vous est pas arrivée, à vous?

LOYSE.

Vous vous trompez. Savoir que tant d'êtres sanglotent, ploient sous le fardeau, succombent, et me sentir vaillante, forte, et n'y pouvoir rien, voilà ce qui fait souvent que je me hais moi-même. Voilà pourquoi je voudrais être homme, tenir une épée, et ceux qui sont voués à un malheur injuste, les racheter de mon sang!

GRINGOIRE, *exalté*.

Donc, vous avez un cœur! Eh bien, voulez-vous savoir? Il y a sur la terre, même dans les plus riches pays, des milliers d'êtres qui sont nés misérables et qui mourront misérables.

LOYSE.

Hélas!

GRINGOIRE.

Il y a des serfs attachés à la glèbe qui doivent à leur seigneur tout le travail de leurs bras, et qui voient la faim, la fièvre, moissonner à côté d'eux leurs petits hâves et grelottants. Il y a des pauvres filles abandonnées, qui serrent sur leur poitrine amaigrie l'enfant dont les cris leur demandent un lait, tari, hélas! Il y a des tisserands glacés et blêmes qui, sans le savoir, tissent leur linceul! Eh bien, ce qui fait le poète, le voici: toutes ces douleurs des autres, il les souffre; tous ces pleurs inconnus, toutes ces plaintes si faibles, tous ces sanglots qu'on ne pouvait pas entendre passent dans sa voix, se mêlent à son chant, et une fois que ce chant ailé, palpitant, s'est échappé de son cœur, il n'y a ni glaive ni supplice qui puisse l'arrêter; il voltige au loin, sans relâche, à jamais, dans l'air et sur les bouches des hommes. Il entre dans le château, dans le palais, il éclate au milieu du festin joyeux, et il dit aux princes de la terre: écoutez!

> Rois, qui serez jugés à votre tour,
> Songez à ceux qui n'ont ni sou ni maille[1];
> Ayez pitié du peuple tout amour,
> Bon pour fouiller le sol, bon pour la taille[2]
> Et la charrue, et bon pour la bataille.
> Les malheureux sont damnés,—c'est ainsi!
> Et leur fardeau n'est jamais adouci.
> Les moins meurtris n'ont pas le nécessaire.
> Le froid, la pluie et le soleil aussi,
> Aux pauvres gens tout est peine et misère.

LOYSE, *douloureusement*.

Ah! mon Dieu!

GRINGOIRE.

Écoutez encore!

---

[1] Du Lat. *medallia*, petite monnaie de cuivre qui n'est plus d'usage.

[2] L'imposition qu'on levait sous l'ancien régime sur ceux qui n'étaient pas nobles ou ecclésiastiques.

Le pauvre hère en son triste séjour
Est tout pareil à ses bêtes qu'on fouaille.
Vendange-t-il, a-t-il chauffé le four
Pour un festin ou pour une épousaille,
Le seigneur vient, toujours plus endurci.
Sur son vassal, d'épouvante saisi,
Il met sa main comme un aigle sa serre,
Et lui prend tout en disant : " Me voici ! "

LOYSE, *qui tombe à genoux en sanglotant.*

Ah !

GRINGOIRE, *avec une joie folle.*

Vous pleurez !

LOYSE, *avec élan.*

Aux pauvres gens tout est peine et misère !

GRINGOIRE.

O Dieu !

LOYSE, *allant à Gringoire et le regardant avec une curiosité émue.*

Et celui qui parle ainsi d'une voix si fière, si éloquente, si tendrement indignée, est le protégé du Roi ! Pourquoi donc pensiez-vous que je ne pourrais pas l'aimer ?

GRINGOIRE, *amèrement.*

Pourquoi ?

LOYSE.

Et ce lutteur si résigné, si hardi, qui pour les autres brave tous les périls, a besoin d'être soutenu et consolé dans sa propre misère ! Cet homme, je veux le connaître. Quel est-il ?

GRINGOIRE, *prêt à laisser échapper son secret.*

Vous voulez le connaître ?

LOYSE.

Oui...et le sauver de lui-même.

GRINGOIRE.

Le sauver ?

LOYSE.

Vous hésitez encore ?

GRINGOIRE.

Le sauver de lui-même...et du Roi...(*A part.*) Ah ! lâche ! Tu peux avoir cette misérable pensée ! Emporté avec elle au paradis des anges, tu peux songer à redescendre dans ton ignominie et à l'y entraîner avec toi ! Meurs ! pour être digne d'un bonheur qui ne reviendra plus. Meurs ! pour n'être pas moins généreux qu'elle et pour la sauver à ton tour.

LOYSE.

Que voulez-vous cependant que je réponde au Roi ? Le nom de cet homme ? J'ai le droit de le savoir !

GRINGOIRE, *à part.*

A quoi bon, si elle ne l'a pas deviné !

LOYSE, *à part.*

Ah ! j'espérais qu'il se nommerait lui-même !

GRINGOIRE, *à part.*

On vient (*voyant entrer Olivier-le-Daim*) ; c'est Olivier ! C'est la délivrance. Grâce à Dieu, ma corde sera bien à moi, car je l'ai gagnée !

SCÈNE IX

LOYSE, OLIVIER-LE-DAIM, GRINGOIRE, puis LE ROI, SIMON FOURNIEZ et NICOLE ANDRY.

OLIVIER-LE-DAIM, *entrant, à Gringoire.*

L'heure est écoulée.

GRINGOIRE.

Tant mieux !

LOYSE.

Déjà !

OLIVIER-LE-DAIM:

Partons donc ! (*A part.*) Le Roi n'aurait qu'à avoir quelque sot accès de clémence.

GRINGOIRE.

Adieu, mademoiselle. Que tous les saints vous gardent !

LOYSE.

Mais votre mission n'est pas terminée !

GRINGOIRE.

Pardon, mademoiselle, messire Olivier n'aime pas à attendre.

LOYSE.

Et où veut-il donc vous emmener ?

GRINGOIRE.

A une fête, où l'on ne saurait se passer de moi !

LOYSE, *voyant entrer les pages qui précèdent le Roi.*

Le Roi ! Ah ! tout va s'expliquer !

Loyse, Gringoire et Olivier-le-Daim se rangent des deux côtés de la porte. Le Roi entre sans les voir. Il se frotte les mains, et son visage a une expression de joie. Il traverse la scène, et va s'asseoir dans un grand fauteuil à gauche.

LE ROI.

S'il y a sur la terre une joie complète et sans mélange, s'il y a une volupté qui soit en effet divine, c'est celle de châtier un traître. Surtout quand la trahison a avorté et ne saurait plus nous nuire. Ah ! maintenant, je me sens bien. Rien n'a périclité, au contraire, et je suis toujours le maître des évènements. (*Apercevant Olivier-le-Daim.*) C'est toi, mon brave, mon fidèle ? Que fais-tu là ?

OLIVIER-LE-DAIM.

Sire, j'exécutais vos ordres.

LE ROI.

Mes ordres ?   (*Il aperçoit Gringoire et se rappelle tout.*)
Gringoire ?   (*Se souvenant.*)   Ah ! un instant !

OLIVIER-LE-DAIM.

Mais...

LE ROI, *sans l'entendre.*

Tu m'as bien servi, Olivier.   Je t'en saurai gré.

OLIVIER-LE-DAIM.

Sire, Votre Majesté me récompense déjà en daignant
approuver mon zèle.

LE ROI.

Nous ferons mieux encore.   (*Le congédiant du geste.*)
Va, Olivier, laisse-moi arranger les choses.   Tu n'y perdras
rien.

OLIVIER-LE-DAIM, *s'inclinant.*

Sire, il y a tout avantage à s'en remettre à vous !
(*Il sort.*)

LE ROI, *à lui-même.*

La capitainerie du pont de Meulan, et j'en serai quitte.
(*Apercevant Loyse.*)   Loyse ! Te voilà, ma mie !   Pourquoi rester là-bas ?   Est-ce que je te fais peur ?

LOYSE.

Un peu.   Vous avez été si méchant !

LE ROI, *comme sortant d'un rêve.*

Méchant ?   Ah ! oui.   Ne parlons plus de cela.   Ta vue
me rafraîchit.   Viens.   (*Il embrasse Loyse au front.*)
Mais je ne vois pas ton père.

*Depuis un instant, Simon Fourniez et Nicole Andry sont
entrés par la porte de gauche.   Ils restent au fond de la
scène, et regardent curieusement le Roi*

LOYSE.

Il se cache de vous. Vous l'avez si bien traité !

LE ROI.

Moi ! Que lui ai-je pu dire, à ce bon et cher ami ?

LOYSE, *montrant Simon Fourniez.*

Tenez, le voilà là-bas, qui n'ose avancer.

LE ROI, *à Simon Fourniez.*

Pourquoi donc ? Approche, approche, ami Fourniez.
Où étais-tu donc ?

SIMON FOURNIEZ.

Où j'étais ? (*Amèrement.*) A mon aune.

LE ROI.

A ton...(*Souriant.*) Brave Simon, je t'ai fait de la
peine ? Ta main ! Je ne t'en veux pas. Je te pardonne.

NICOLE, *s'avançant.*

C'est bien de la bonté. Votre Majesté a daigné
maltraiter si bien mon frère, qu'elle devait lui en garder
rancune.

LE ROI.

Nicole ! J'ai eu tort d'être distrait devant une femme
d'esprit. Venez là, mes amis, près de moi. Toi aussi,
Gringoire. Il y a quelque chose à terminer ici en famille.
(*A Gringoire.*) Eh bien, mon maître, j'espère que tu as
su te faire heureux ! Oui, je suis sûr que ma filleule
aura apprécié l'homme que je lui offrais.

SIMON FOURNIEZ.

Quel homme ?

LE ROI.

N'est-il pas vrai, Loyse ?

LOYSE, *feignant malicieusement d'être distraite.*

Quoi donc, Sire ? De qui parlez-vous ?

LE ROI.

De l'époux que je te destine.

SIMON FOURNIEZ.

Quel époux?

LE ROI.

L'acceptes-tu?

LOYSE.

Non.

LE ROI, *très étonné*.

Non!

LOYSE, *à part*.

Cette fois, il faudra bien qu'il parle.

LE ROI.

Tu le refuses! Toi, Loyse!

LOYSE, *regardant Gringoire à la dérobée*.

Je ne puis épouser un inconnu...dont on n'a pas même voulu me dire le nom!

NICOLE, *au Roi*.

Ah! J'en étais sûre! il a été brave jusqu'au bout.

LOYSE.

Je savais bien qu'il était en danger!

LE ROI, *à Loyse*.

Gringoire ne t'a pas dit qu'il avait offensé le Roi son seigneur en composant une certaine...*Ballade des Pendus*, et que pour racheter sa vie...

LOYSE, *devinant*.

Il devait en une heure, en un instant...

GRINGOIRE.

Se faire aimer de toi!

LOYSE, *poussant un grand cri de joie.*

Ah ! (*Allant à Gringoire qu'elle prend par la main.*) Sire, je vous demandais ce matin un époux capable d'une action héroïque, un vaillant qui eût les mains pures de sang versé : eh bien ! le voilà, Sire. Donnez-le-moi. Je l'aime. C'est moi qui réclame votre parole, et je serai fière d'être sa compagne à toujours, dans la vie et dans la mort !

LE ROI, *à Simon Fourniez.*

Eh bien, Simon ?

SIMON FOURNIEZ.

J'entends, Sire. Vous voulez mon consentement ?

LE ROI.

Me le donneras-tu ?

SIMON FOURNIEZ.

Vous le savez, Sire, nous n'avons pas coutume de nous rien refuser l'un à l'autre.

LE ROI, *riant.*

Merci, compère. (*A Gringoire.*) Et toi, Gringoire, qu'en dis-tu ?

GRINGOIRE, *éperdu de joie.*

Sire ! Elle ne rit pas !

LE ROI, *gaiement.*

Elle ne pleure pas non plus ! (*Bas à Gringoire.*) Faut-il lui apprendre à présent la raison que tu avais d'être si timide ?

GRINGOIRE, *désignant avec mélancolie son pauvre visage.*

A quoi bon, Sire, si elle ne s'en aperçoit pas ?

LE ROI, *à Simon Fourniez.*

Mon cher ambassadeur...

SIMON FOURNIEZ, *rayonnant de joie.*

Ambassadeur !

LE ROI.

Voilà ta fille mariée ; prépare-toi à partir pour les Flandres. (*Prenant sous ses deux bras Nicole Andry et Loyse.*) Es-tu contente de moi, Nicole ?

NICOLE.

Oui, monseigneur. Vous êtes un vrai roi, puisque vous savez faire grâce. Et qu'y a-t-il de plus doux ? Un pendu ne saurait être utile à âme qui vive...

LOYSE.

Tandis qu'un oiseau des bois ou un poëte qui chante sert du moins à annoncer que l'aurore se lève et que le printemps va venir !

Le rideau tombe.

EXERCICES

(T. indique les questions posées sur le *Texte*; M. sur les *Mots*; G. sur la *Grammaire*; Q.G. *Questions Générales*)

1er EXERCICE: pages 1—7. 1ère CONJUGAISON.

(T.) 1. A propos de quoi le roi badina-t-il avec Nicole? 2. Quel poète avait donné un sobriquet à cette aimable femme? 3. De quoi le roi sut-il bon gré à Simon? 4. Quels étaient les mauvais jours de Péronne et de Liège? 5. Quel était le cousin de Bourgogne dont parla le roi? 6. Quel cadeau le roi préparait-il pour son frère et dans quel but? 7. Quelle opinion Olivier avait-il de La Balue? 8. De quelle qualité attrayante le roi voulait-il faire preuve?

(M.) 9. Loyse était la filleule du roi; qu'était le roi pour elle?
10. En quoi consiste le métier d'un berger? d'un drapier?
11. On avale *une gorgée*; qu'est-ce qu'on mange?
12. A quoi sert une natte? un marteau? un timbre? un escabeau?
13. Comment s'appellent les habitants de la Suisse? de la Bourgogne? de la Champagne? de la Normandie? de la Touraine?
14. Expliquez: le *feu* roi; le *premier venu*; un pays *déchiré*; un grand *enjeu*; le *sang vermeil* de la Touraine.
15. Exprimez en un seul mot: celui qui a peur; qui a faim; qui a soif; qui n'est pas reconnaissant; qui a été pendu.
16. Donnez des synonymes: une plaisante histoire; un troc avantageux.
17. Donnez la phrase contraire: il *laisse tomber* l'enjeu; il a des joues *vermeilles*; on aime *partout* la *bonne* humeur; on *vide volontiers* son verre; on *décroche* la timbale.
18. Trouvez l'adjectif de: l'esprit; la santé; la ruse; la finesse; le plaisir; et le verbe de: le joueur; le troc; la trahison; le menteur; la tonsure; un apprentissage; employez tous ces mots dans des phrases pour en faire ressortir les significations.
19. D'après le modèle de: le croc, l'accroc, le raccroc, crochu, accrocher, décrocher, faites le tableau des mots de la famille de: la veille; la vieillesse; la faim; le ménage.
20. Discutez l'étymologie de: le dauphin; le bourgeois; le berger.

(G.) 21. En quoi diffèrent la première conjugaison et la deuxième (verbes inchoatifs en *ir*) des autres conjugaisons? A quoi attribue-t-on cette différence?
22. Quel est le but des changements du radical qui se font dans les verbes comme *mener, jeter, espérer, menacer*?
23. Mettez au futur: je *vais* le voir; je *mène* un ami; j'*espère* y être.
24. A l'imparf. de l'indic.: rien n'*efface* ses souvenirs; il *pleure* amèrement; il *pleut* tous les jours; je *ménage* mon argent.
25. Au passé indéfini: je me *ménage* un abri; la chose *devient* fameuse.

(Q.G.) 26. D'après le modèle à la première page, décrivez votre classe.
27. Que savez-vous du poète Gringoire? Que représente-t-il dans la littérature française? Citez Victor Hugo et Alphonse Daudet.
28. Que fit Louis XI pour la France? Quel rôle a-t-il dans le roman *Quentin Durward*? De quelle réputation jouit-il?
29. Que savez-vous de la carrière d'Olivier-le-Daim? de celle de La Balue?
30. Développez les pensées: On troque son cheval borgne contre un aveugle; A brebis tondue, Dieu mesure le vent; Contre une femme d'esprit, le diable perd ses peines.

EXERCICES

2ᵉ Exercice: pages 8—14. 2ᵉ Conjugaison.

(T.) 1. Quelle mission le roi avait-il trouvée pour Simon? 2. Qu'est-ce qui empêchait Simon de remplir cette mission? 3. Qu'y avait-il de singulier dans la jeunesse de la mère de Loyse? 4. A quel mari rêvait Loyse? Pourquoi ne voulait-elle ni soldat ni marchand?

(M.) 5. Que vend le chaussetier? le drapier? la marchande de modes?
6. Comment s'appellent les habitants de la Flandre? de la Bohème?
7. Pourquoi la réponse *Si fait!* à la ligne 8 de la page 14?
8. A quoi sert un dressoir? Quelle idée suggère le verbe *dresser*? Pourquoi le verbe anglais *to dress* a-t-il le sens de *s'habiller*?
9. Qu'est-ce qu'un chaland? un apprenti? un bon parti? une aune? une nappe? un aveugle? un borgne?
10. Exprimez à l'aide d'une autre tournure: une boutique *bien achalandée*; le *chef blanc et le dos voûté*; *tous mes meilleurs vœux*; elle nous *tient rigueur*; je *tiens à* la voir contente; elle parle *convenablement* mais elle est *trop entêtée*.
11. Faites des phrases pour distinguer entre: sachant—savant; la chair—la chaire—la chaise; un bon parti—une bonne partie; le supplice—la supplication; lier—relier; je m'en aperçois—je l'aperçois; je le débats—je me débats; il me tarde de savoir—on tarde trop.
12. Faites six exemples des usages qui ressortent des phrases suivantes: ce n'est pas là *le difficile*; voilà un apprenti AUX *cheveux blonds*; on a DE *bonnes raisons*.
13. Substantifs de: gentil, petit, étroit, jeune, vieux; lier, combiner, conjuguer; ennuyer, crier, plier. Employez-les dans des phrases.
14. Adjectifs de: nombre; tarder, craindre; inquiéter, calmer; l'esprit, l'école. Combinez chacun avec un substantif.
15. Employez dans des phrases les verbes de: le vœu; le souci; un exercice; un épouseur; la lâcheté.
16. Faites le tableau des mots de la famille de: la chaussette; le fil; le moulin; le peloton; l'oubli; la vertu; le héros.

(G.) 17. En quoi diffèrent les verbes réguliers de la 2ᵉ conjugaison des verbes irréguliers? comparez, par exemple, *bénir* et *mentir*.
18. Mettez à l'impar. de l'indic.: il *exerce* ma patience; il ne *songe* à rien; il ne se *réjouit* jamais; il *dort* trop et *sort* trop peu.
19. Au passé indéfini: je me débats; tu t'en aperçois; tu te tais.
20. Trouvez des phrases pour faire ressortir l'emploi de: toute (adv.); tant; autant; feu (adj.).
21. Distinguez entre les locutions *à moins de* et *à moins que*.
22. *Il l'a* RENDUE *heureuse*; expliquez l'usage en citant encore deux exemples.

(Q.G.) 23. A travers quelles anciennes provinces de la France coule la Loire et quelles villes se trouvent sur ses bords?
24. Que savez-vous des Flamands du temps de Louis XI? Décrivez brièvement leur pays comme il existe aujourd'hui.
25. Discutez les dictons: Les hommes ne se mesurent pas à l'aune; Le commerce est la force d'une nation; Loin de nous les héros sans humanité!

3ᵉ Exercice: pages 15—19. 3ᵉ Conjugaison.

(T.) 1. De quoi Simon menaça-t-il sa fille afin de la rendre soumise?
2. Qu'est-ce qui ôterait à Loyse—selon Nicole—son désir de voyager? 3. Quel tumulte interrompit le roi lorsqu'il discutait le sort de Loyse? 4. Pourquoi Olivier-le-Daim en voulait-il à Gringoire et comment celui-ci fit-il plaisir à Nicole? 5. Quel parti prit le roi à propos de ce rimeur mystérieux?

(M.) 6. Que fait-on lorsqu'on dévide le fil qui est en écheveau? Qu'est-ce qu'un *peloton* de graisse? de soldats? et une *pelote* de neige? de ficelle? Quelles sont les formes anglaises de ces deux mots?
7. Qu'est-ce qu'on achète à la rôtisserie? à la boucherie? à la laiterie?
8. Quelles bêtes apprivoise-t-on dans les ménageries? Quel est le titre anglais de la comédie: "La mégère mise à la raison"?
9. De quel pays, ou de quelle ville, sont: les Écossais? les Irlandais? les Portugais? les Marseillais? les Polonais? les Bordelais? les Hollandais? les Turcs? les Dieppois?
10. Si on écorche une anguille, de quoi la dépouille-t-on? si on écorce un arbre? si on écorche le français, de quoi est-on coupable?
11. Ajoutez le mot qui manque: on *berce* le bébé dans un...; celui qui fait la *poterie* est un...; *enivrer*, c'est-à-dire rendre...; pour se *raser*, il faut un..., pour se *peigner*, un....
12. Distinguez en vous appuyant sur l'étymologie entre: le fil et le fils; une anguille et une aiguille; devin et divin; rude et impoli; prétendre et feindre; n'avoir *souci* de rien—jaune comme *un souci*.
13. Trouvez des synonymes: elle fit *une révérence*; il boit comme *un trou*; il a *du flair*; sa patience a *de quoi* s'exercer; il garde *son foyer*; il *met en émoi* tout le populaire; il y a quelque *anguille sous roche*; on l'*avoue* hautement; on joue *à jeu sûr*; il *fait clair de lune*; on triomphe de *ses passions*; on fait *sa pelote*; on *s'en fait une fête*.
14. Employez dans des phrases le contraire de chacun des adjectifs suivants: maladroit, malavisé, malpropre, malsain, malhabile; et les substantifs de: fumer, veiller, bouffer, durer, trouer; méchant, fier, saint, joyeux; rude, poli, gentil; câlin, mutin.
15. Discutez l'étymologie de: apprivoiser; le grès; gré—à mon gré; chétif; captif; salé; sale; le foyer; l'âtre.

(G.) 16. Pourquoi appelle-t-on la 3ᵉ conjugaison "une conjugaison morte"? Quels verbes se conjuguent comme décevoir?
17. Remplacez l'infinitif par le participe présent (l'adjectif verbal): un espoir (*décevoir*); un propos (*réjouir*); une boisson (*rafraîchir*); l'aube (*rougir*); par le participe passé: un cœur (*émouvoir*); un impôt (*percevoir*); un pays (*bénir*); un élève (*soumettre*).
18. Formez les adverbes de: négligent, nonchalant, puissant, élégant, fréquent, récent, vaillant; et combinez chacun avec un verbe convenable. Quelle est l'origine du suffixe-*ment* qui caractérise les adverbes? Expliquez la terminaison -*amment*.
19. Formez des phrases avec les verbes: remercier, déplaire, changer, rêver, en faisant ressortir les prépositions qui les suivent.

(Q.G.) 20. Discutez les dictons: Les gens n'aiment pas à tenir leur bonheur des mains d'un autre; Les rimeurs sont une sorte de fous qu'on n'enferme pas.
21. Développez la pensée: Les Parques d'une même soie
         Ne dévident pas tous les jours.

4ᵉ Exercice: pages 20—27. 4ᵉ Conjugaison.

(Tᶦ) 1. Décrivez comment était Gringoire au moment de son entrée. 2. Comment Olivier persuada-t-il au poète de réciter une de ses ballades? 3. Pourquoi demanda-t-il la Ballade des Pendus? est-ce que l'idée de cette récitation sourit à Nicole? 4. Quel est le sujet de la Ballade? Expliquez la versification et comparez la Ballade avec la Ballade des Pendus de Villon.

(M.) 5. Qu'est-ce qui pousse dans un verger? dans un jardin potager? dans un vignoble? dans une chênaie? dans une roseraie?

6. On dit: une *grappe* de groseilles, et de quoi en outre? un *essaim* d'oiseaux, ou de...? et un *trousseau* de...?

7. Distinguez entre les divers mots—peine, chagrin, ennui, mal— par lesquels on peut traduire le mot anglais *trouble*.

8. Distinguez aussi entre: le mort et la mort; le parti et la partie; le geste et la plaisanterie; l'ail et l'aile; le vers, le verset, le couplet, la strophe; le ver, vers (prép.), le verre, vert.

9. Que signifient les mots: volaille, valetaille, muraille, trouvaille; et quelle est la force de l'affixe *-aille*?

10. Donnez le terme opposé: l'enfant *prodigue*; l'eau *trouble*; la bête *apprivoisée*; le temps *mouillé*; le mari *exigeant*.

11. Rendez par un seul mot: on *se met à table*; il ne paie pas *sa part des frais du repas*; il *couperait un liard en deux*.

12. On *dore* une pilule; qu'est-ce qu'on *émiette*? *épluche*? *écarte*? *époussète*? *épuise*? *arrose*? *arbore*? *berce*? *ressemelle*? De quels substantifs dérivent ces verbes?

13. Substantif et adjectif de: prodiguer; flatter; suivre; exiger; adjectif de: avoir *honte*; garder *rancune*; avoir de l'*orgueil*.

(G.) 14. Ecrivez les temps primitifs de: réveiller, chérir, devoir, répondre. Qu'y a-t-il à noter sur le passé défini des 2ᵉ et 4ᵉ conjugaisons?

15. Expliquez les formes: vous êtes, vous dites, vous faites; et l'apostrophe dans: on a grand'faim, ce n'est pas grand'chose.

16. Au passé indéf.: il *mourait*; je m'en *trompais*; c'est la dernière ballade qu'il *compose*.

17. On dit: *en* France, *au* Portugal, *à* Tours; mettez la préposition qu'il faut devant: la Prusse, les Etats-Unis, Bruxelles, le Havre, la Chine, le Japon, le Canada, l'Australie.

18. Combinez les adverbes de: congru, assidu, cru, goulu, avec des verbes qui conviennent, et expliquez la forme de l'adverbe.

19. Féminin de: le gentil filleul; le cher parrain; le veuf juif; le beau drapier; le vieux garçon; l'enfant malin.

20. Faites des phrases en vous servant des expressions: pour peu que; sans que; à moins que...ne; avant de; avant que.

(Q.G.) 21. Est-ce que le roi mérita les reproches que le poète lança contre lui?

22. Discutez la constatation: C'est l'esprit gaulois qui nous rend l'adversaire de l'hypocrisie, des préjugés, des niaises conventions, l'ami de la libre discussion de toutes les doctrines.

23. Nommez deux auteurs qui "sentent leur terroir gaulois," et dites quelque chose de leurs œuvres.

5e Exercice : pages 28—34. Pronoms.

(T.) **1.** Comment la ballade de Gringoire impressionna-t-elle l'auditoire?
2. Que manquait-il à la ballade selon le roi? 3. Comment Gringoire découvrit-il qu'un de ses auditeurs était le roi? 4. Que pensa Gringoire du souper qu'on lui offrit? Quelle opinion avait-il du vin? et de la bonne chère en général? 5. Est-ce qu'il craignait la mort? Pourquoi bénit-il le soir où pour la première fois il vit la maison de Simon Fourniez?

(M.) **6.** Quand les fidèles jeûnent-ils? quand voit-on l'aurore? la rosée? le soleil couchant? le chardonneret? les grappes de raisin?
7. Qu'est-ce qu'un profane? un envoi? un nourrisson? un mystère à la gloire des saints? une farce? un agneau? un oison? un veau? un poulain? Qu'est-ce qui éblouit? picore? becquète?
8. Distinguez entre les nuances de couleur : pourpre, rose, rouge, rouge brique, rouge sanguin, rougeâtre, rouillé, vermeil, roux, fraise écrasée.
9. A quoi sert un plat? une écuelle? une cruche? une carafe? une assiette? un broc? un bidon? Qu'est-ce qu'une platée? une gorgée? une bouchée? une brassée? une poignée?
10. Distinguez entre : à la bonne heure—de bonne heure ; le goût— le goûter ; le jeune—le jeûne ; le cœur—le chœur ; une vitre— un vitrail ; le chevalier—le cavalier ; le coiffeur—le barbier.
11. En un mot : il *est sensible à* vos éloges ; il *coupe le premier morceau* du pain ; il *fait rire* les passants ; *deux* lits *de la même forme* ; il se *met en colère* ; tout le monde en *fait l'éloge*.
12. Synonymes : un jour *de jeûne* ; la critique est *son fort* ; une *parure* bien belle ; un tour *bouffon* ; un trésor *enfoui* ; les *louanges* éclairées.
13. *Dé*rider, c.-à-d. ôter les rides ; que veut dire déparer? délasser? déjeuner? déboucher? décrocher? dégoûter? Quelle est la force du préfixe *dé-* dans ces mots?
14. Définissez : un pass*ant* ; une cloch*ette* ; un plomb*ier* ; et citez encore trois exemples de chaque groupe.
15. Substantifs : délasser, châtier, remercier ; parer, blesser, égratigner ; adjectifs : la Gaule, la Suède, le village, le bourg ; la flatterie, le compliment, l'éloge. Employez ces mots dans des phrases.
16. Que signifie l'expression *à la longue*? Quel mot est sous-entendu? Formez des phrases semblables avec : léger, anglais, russe, turc.
17. Faites la liste des dérivés de : las, mêler, tromper, louer (Lat. *laudare* et *locare*).
18. Faites des phrases pour montrer les diverses acceptions de : la queue ; le laurier ; un pâté ; le génie ; une pensée ; le parti.

(G.) **19.** Pourquoi dit-on : il *me* le promet—promets-le-*moi*? Quels sont les pronoms emphatiques et quand les emploie-t-on?
20. Devant quels mots emploie-t-on *celui*? Faites des phrases pour distinguer entre : ceux—ceux-ci—ceci ; lui-même—soi-même ; quoi—quel ; ce qui—ce que ; quoi que—quoique ; chaque— chacun. Lesquels de ces mots ne sont pas des pronoms?
21. Au passé indéfini : il *tombe* de la poêle dans la braise ; il se *remet* ; il *découvre* une panacée ; il *recouvre* sa vue.
22. Pourquoi le subjonctif : que cela ne *tienne* ; voilà le dernier que je *fasse*?

(Q.G.) **23.** Développez les pensées : Un seigneur peut servir un poète ; Qui aime bien châtie bien.
24. Trouvez-vous que Gringoire a raison lorsqu'il dit qu'il est facile d'être bon si on mange de bonnes choses?
25. Décrivez un grand homme qui a du bon sens aussi bien que du génie.

6e EXERCICE: pages 35—42. PRONOMS.

(T.) 1. Quel était le dernier souhait que Gringoire avait formé? 2. Pourquoi se sentit-il prêt à mourir gaiement et bravement? 3. Dans quel but le roi voulut-il entretenir Gringoire seul? 4. Pourquoi le projet du roi ne sourit-il pas au poète? 5. Est-ce que celui-ci avait déjà été heureux en amour? 6. A force de quoi le roi tranchait-il les difficultés?

(M.) 7. Que fait-on avec de la paille? de la cire? de l'hermine? qu'est-ce qui coule? se ternit? que pétrit-on? verse-t-on?

8. Qu'est-ce qu'*un* song*eur*? un geôl*ier*? un mendi*ant*? Citez encore trois mots formés d'après chaque modèle.

9. Trouvez les adjectifs de: le miel, la moelle; le changement, la tentation; le caprice, la malice; le creux, le contraire; et combinez chacun avec un substantif convenable.

10. Faites des phrases pour faire ressortir les diverses acceptions de: le pétrin, le patron, le foyer, le moyen, le salut.

11. Formez les verbes de: le clou, la vis; un accueil, une cueillette; le congé; le contraire; le châtiment; le frémissement, le gémissement; le souhait, le souci. Employez-les dans des phrases.

12. Contraire: *souvent* on *rabaisse* la voix; le *perdant* raconte ses aventures *chimériques* aux *vieilles* douairières.

13. En un mot: il vient *à la hâte*, habillé *comme il faut*, *sans souci*, car on lui *fera grâce* d'avoir passé dans les rangs ennemis en abandonnant son drapeau, au moins c'est *l'espoir qu'il caresse*, *tout de bon*.

14. Distinguez en vous appuyant sur l'étymologie: un clou—un ongle; le sol—le soleil; le goût—la goutte; le filet—la fillette; un écueil—une écuelle; il pleure—il pleut; le conte—le comte—le compte; le mépris—la méprise; la tâche—la tache; cueillir—la cuiller; recueillir—accueillir; le louage—la louange; le vice—la vis; une aiguille—un anguille; un mal—une malle.

15. Exprimez à l'aide d'une autre tournure: il m'accueille *on ne peut mieux*; demain nous avons *congé*; il s'occupe à *faire son salut*; il *a souci* des pauvres *en lambeaux*; même le poltron ne peut *se passer de renom*.

(G.) 16. Mettez au négatif: je *n'ai que* du génie; *tout* manque, si l'intérêt... manque...; *tout le monde*...est d'accord; oubliez-moi; réfléchissez-y; empruntez-en.

17. Remplacez par des pronoms: je suis blasé sur *les fêtes*; *l'homme* qui attend à *l'écuelle* des *autres gens* a souvent mal dîné; il ne faut pas manquer *à ses devoirs*.

18. Au féminin: de mignons jumeaux; un chasseur enchanteur; un parrain rancunier; un compagnon chagrin.

19. Au pluriel: *un mal* d'estomac; *un beau régal*; une porte *à un vantail*; un *trou bouché*; *le clou* de *la fête*; *bête* comme *un chou*.

20. De quel infinitif vient: empreint? frémissant? soumis? s'avançant? servi? décevant? couvert? Après chaque infinitif notez les autres verbes qui se conjuguent pareillement.

21. Que je *ne* le mérite (38. *10*). Expliquez *ne*, et faites encore quatre phrases pour faire ressortir l'usage.

(Q.G.) 22. Est-ce que Louis XI avait de quoi se vanter en se rappelant les mauvais jours de Péronne?

23. Quelles qualités faut-il à la bonne ménagère?

24. Décrivez l'arme qui est plus forte que les épées.

25. Développez les pensées: Un clou chasse l'autre; Les absents ont toujours tort.

7ᵉ Exercice : pages 43—47. Partitif.

(M.) 1. En un mot : ce qui est à redouter ? ce qui est à souhaiter ? ce qu'on ne peut excuser ? celui qui dépense le moins possible de son argent ? ce qui nous met mal à l'aise ?

2. Exprimez à l'aide d'une autre tournure : il n'a plus de sens qu'un oison ; il a l'esprit cachottier ; il ne peut avoir la conscience nette ; je saurai ce qui en est ; je lui ménagerai le plaisir de la surprise ; la mer se courrouce ; le philosophe ménage son temps ; on est gêné dans cette voiture.

3. Expliquez : un meuble ; un cachot ; un meurt-de-faim ; un fainéant ; un vaurien ; un cache-nez ; un "décroche-moi-ça."

4. Distinguez : se dérober—se déshabiller ; un monsieur—un gentil-homme ; un avertissement—une annonce ; assister—aider ; refléter—réfléchir ; le mémoire—la mémoire.

5. Qu'est-ce qu'un escalier *dérobé* ? un passage *interdit* ? une lettre *dépliée* ? un monsieur *sans gêne* ? les souhaits *de bonne année* ? *un prince* de l'église ? *un berceau* des arts ?

6. Comment s'appelle le petit de l'oie ? de la vache ? du cheval ?

7. Citez les substantifs de : refuser, accueillir, crier, gêner, regretter, refléter, réfléchir, bercer, pâmer, abuser ; les substantifs et les adjectifs de : craindre, aimer, menacer, obéir, mourir ; les dérivés de : fuir, fiancer, lâcher.

8. Commentez, en distinguant entre les formes populaires et savantes : rigide et raide ; une pâmoison et un spasme ; le glaive et l'épée ; la colère et le courroux ; un essaim et un examen ; la chaire et la cathédrale ; le chef et la tête ; la vigile et la veille.

(G.) 9. Mettez au singulier : j'ai *de bons homards, des huiles, des poissons, des sels* de vinaigre ; au négatif : *encore de l'*amour, partant *encore de la* joie ; le contraire : j'ai assisté à la messe *bien des* fois.

10. Pourquoi dit-on : ce sont *de* bonnes gens ; encore *de l'*audace ; il fait bien *du* travail ; voilà un peu *de* miel et *des* confitures ?

11. Trouvez les adverbes de : vaillant, récent, hardi, délicieux, vite. Expliquez la raison d'être de chaque forme en citant encore des exemples.

12. Qu'est-ce qu'une victoire *à la* Pyrrhus ? un thème fait *à la* diable ? Comment explique-t-on cet idiotisme ?

13. Pourquoi Molière dit-il : *toute* belle, *tout* aimable comme je la trouve ? Y a-t-il d'autres adverbes employés de la même manière ?

14. Mettez au passé indéfini : on *prend* sa revanche ; voilà la version que je *mets* au net ; personne ne se *plaint* et tout *va* pour le mieux.

15. Faites précéder par *si :...*jeunesse savait,...vieillesse pouvait ; par *pour peu que* : ...vous avez pratiqué les savants, vous apercevez qu'ils sont très peu curieux ; par *je vois* : Olivier s'approche.

16. Faites des phrases pour faire ressortir l'emploi de : force (adv.), autant, plusieurs, tout (adj.), soi, quel, aucun.

(Q.G.) 17. A-t-on raison à ne pas craindre le juste ?

18. Est-il vrai que "le juste ne réfléchit pas" comme disait Voltaire ?

19. Développez les pensées : La pureté de l'âme se reflète sur le visage ; On prend plus de mouches avec du miel qu'avec du vinaigre ; L'hypocrisie est un hommage que le vice rend à la vertu.

8ᵉ Exercice : pages 48—53. Pronoms.

(T.) 1. Pourquoi le roi se montra-t-il tout à coup si peu sympathique pour Simon? 2. Comment G. décrit-il l'épouseur que le roi proposa pour Loyse? 3. Pourquoi lui fallut-il défendre le métier de poète et par quels raisonnements le justifia-t-il?

(M.) 4. Qu'est-ce qu'une coiffe? une semelle? une jumelle? un luth? un berceau? une écuelle? un escabeau? une boutique? un magasin? un kiosque? un aune? une aune?

5. Comment sont les rues après une averse? par un temps bien sec? en hiver lorsqu'il gèle? lorsqu'il dégèle?

6. Décrivez une alouette, un hibou, un laurier; et citez encore six oiseaux et six arbres et faites de chacun une petite esquisse.

7. Formez les adjectifs de : la boue, la bourbe, le jeu, la joue, le crime, le rêve, le mensonge, la facétie, la louange; et mettez avec chacun un substantif convenable.

8. En un seul mot: celui qui excite du trouble dans un état; qui est souvent un peu souffrant; qui n'est pas reconnaissant; qui aime à rendre justice; qui peint; qui est peu travailleur.

9. Contraire de: un métier *utile*; une rancune *avouée*; un endroit *sain*; un élève *content*; une cravate *nouée*; les époux en *accord*; un compère *ingrat*; un changement en *bien*.

10. Synonyme de: une crainte *puérile*; une punition *légère*; un esprit *facétieux*; une vie *oisive*; cela était bon *au temps jadis*.

11. Exprimez d'une autre façon: cette femme est une vraie commère; elle n'est pas accablée de travail; ni parée de ses plus beaux atours.

12. Distinguez: le roi veut vous *marier*—il veut vous *épouser*; la veillée—la vieille; un supplice—une supplication; un sage—un savant; le front—la façade; vous avez *le droit*—vous avez *raison*; un millier—un million.

(G.) 13. Mettez l'article indéfini devant chacun des noms suivants et commentez le genre de chacun: métier, jumeau, alouette, clarté, cachot, souhait, million, avril, délassement, parure, qualité, laurier, pâmoison, épée, lumière, bonheur, rôtisseur, orage.

14. Au passé indéfini: elle *se figure* une joie sans mélange; elle ne *descend* jamais au désespoir; ses sentiments de jeunesse *commandent* l'espérance; elle *espère*; on ne *peut* la faire croire que l'humanité puisse rebrousser chemin.

15. Faites des phrases pour faire ressortir la préposition qui suit: veiller, pardonner, conseiller, consister, rêver, emprunter, couvrir, accabler, demander, rire.

16. Ajoutez le mot qui correspond à l'anglais *what*: ...est cet homme? ...va-t-il me dire?...l'empêche de parler? de...s'inquiète-t-il? pourquoi ne parle-t-il...il veut?...le fait taire?

(Q.G.) 17. Pourquoi le roi dit-il à son compère Simon: "A ton aune"?

18. Quel était le peuple de sages dont parlait Gringoire? Est-ce qu'il méritait cette appellation?

19. Napoléon traita les Anglais de "nation d'épiciers"; avec raison?

20. Développez la pensée: Le futur a soin de réaliser les rêves des poètes.

9e EXERCICE : pages 54—60. SUBJONCTIF.

(T.) 1. Comment Gringoire décrivit-il le sort des pauvres, et quel pouvoir attribua-t-il à son chant ailé ? 2. Quelle consolation Loyse imagina-t-elle pour le poète ? 3. Pourquoi G. n'avoua-t-il pas son nom et sa mission ? 4. Qu'est-ce qui changea l'humeur du roi Louis ? 5. Comment récompensa-t-il Olivier et quel soulagement trouva-t-il pour Simon ?

(M.) 6. Qu'est-ce qu'une charrue ? une herse ? un corbillard ? un linceul ? un four ? une fournée ?

7. Comment s'appelle celui qui travaille à la moisson ? qui tisse ? qui lutte ? qui garde rancune ? dont l'esprit est ailleurs ? pour qui son fardeau est trop lourd ? qui conduit la charrue ?

8. Contraire : un *malheur injuste* ; tant *mieux* ; le *fond* de la scène ; les joues *vermeilles* ; un fardeau *adouci* ; un insecte *nuisible*.

9. Substantifs : meurtrir ; offrir ; plaindre ; rafraîchir ; couler.

10. Adjectifs : une aile ; la hardiesse ; l'esprit ; l'amertume ; la fièvre ; la faim ; la méchanceté ; la fierté ; la pluie ; le zèle, la peine. Ajoutez à chacun un substantif convenable.

11. Verbes : le sanglot ; la moisson ; le congé ; le fouet ; le séjour.

12. Synonymes : le fardeau ; les pleurs ; le glaive ; le supplice ; l'oisif.

13. Discutez l'étymologie : le hère ; la rosse ; le vasistas ; le bivouac.

14. Trouvez des phrases pour faire ressortir deux acceptions de chacun des mots : la serre ; le tour ; la pensée ; la taille ; la remise.

15. On parle d'un accès de *clémence* ; et de quoi en outre ?

16. Expliquez : il me traite de coquin ; je ne vous en veux pas ; je vous sais bon gré de votre zèle ; je peux me passer de renom ; on travaille sans relâche, bon gré, mal gré ; le projet avorta ; nous fûmes quittes pour la peur.

17. Distinguez : je hais, je haïs, la haie, La Haye ; la bouche, la bouchée, une embouchure ; un serf, un cerf ; un aigle, l'aiglon, une aigle ; la moisson, la récolte, le vendange, la cueillette.

(G.) 18. Groupez les exemples du subjonctif qui se trouvent et expliquez la raison d'être de chaque groupe. (Pp. 5, 7, 10, 11, 14, 18, 22, 26, 44, 45, 57, 58.)

19. Mettez au passé indéfini : il perd les enjeux qu'il *gagna* ; il tue les oiseaux qu'il *entendit* chanter ; elle se *donna* bien de la peine ; les trimestres *s'écoulèrent*.

20. Mettez à l'impératif : vous ne m'en *voulez* pas ; vous *voulez* bien m'accompagner ; vous *savez* obéir ; tous les citoyens m'*imitent* ; nous *partons* à l'instant.

21. Remplacez par des pronoms : il le fit repasser *la leçon* ; *tous les cahiers* sont ici ; il a perdu *toute sa fortune*.

(Q.G) 22. Que voulait dire le roi par sa remarque : On a tort d'être distrait devant une femme d'esprit ?

23. Pour être poète, quelles qualités faut-il surtout ?

24. Discutez le vers : Aux pauvres gens tout est peine et misère ; et faites une comparaison entre le sort des pauvres sous Louis XI et à l'heure actuelle.

25. Développez la pensée de Beaumarchais : Il faut être toujours supérieur aux évènements.

10ᵉ EXERCICE: pages 61—63. 4ᵉ CONJUGAISON.

(T.) 1. Comment Gringoire se montra-t-il capable d'une action héroïque et un vaillant dont les mains étaient pures? 2. Avait-il de bonnes raisons pour être timide? 3. Quelle preuve de sa royauté le roi donna-t-il à la belle Nicole?

(M.) 4. Qu'est-ce qu'un chaland? un client? un chaussetier? un chemisier? un mercier? une modiste? un bourgeois? un villageois? un vigneron? un pépiniériste? un larron? un larcin? un barbier?

5. Que fait-on avec du cuivre? du fil? de la ficelle? de la réclame?

6. Nommez les quatre saisons; et des synonymes pour le lever, et le coucher, du soleil. Quelle est l'heure des vêpres? de la messe? quelle est la date de la Saint-Louis? du jour des Rois? de la fête de la République? de votre anniversaire de naissance? de la fin du trimestre actuel?

7. *Quoi de plus précieux* que la santé? il en connaissait *le fort* et *le faible*; il a *l'esprit fin*. Trouvez ou faites deux phrases d'après chacun de ces modèles.

8. Synonymes: un vœu; un ex-voto; un aveu; l'entêtement; la paresse.

9. Expliquez: à la dérobée; à la longue; à la légère; à pied; à souhait; au pas; au naturel; au petit bénéfice. Citez quatre expressions semblables.

10. Substantifs de: louer, mêler; lier, conjuguer; consentir, remercier; destiner, ennuyer, crier; exercer; tenter; peiner, réclamer.

11. Discutez l'étymologie: le costume, la coutume; l'habit, l'habitude; le meuble, mobile; la Champagne, la campagne; deviner, divin; l'école, scolaire.

12. Exprimez d'une autre façon: on pousse un cri—les légumes poussent; il sait ce qu'en vaut l'aune; on évitera l'effusion de sang; j'ai trouvé une compagne qui aime la campagne; je me connais en aimables femmes; vous me manquez; je tiens à vous trouver une place au soleil.

13. Contraire: une âme *fière*; un esprit *vif*; un *vrai* roi; une tête *brune*; un amant *timide*; les mains *pures*; une action *héroïque*; un professeur *distrait*; l'eau *amère*; un *lourd* fardeau; la voie *étroite*; le *beau* côté; un serviteur *reconnaissant*; une fille *obéissante*: la cire *molle*; un prisonnier *mort*; le *bon* larron; un être *changeant*; une femme *loyale*; une mule *entêtée*; la voix *douce*; le savant *orgueilleux*.

14. Citez d'autres mots du même radical: la nappe peluchée; un peloton de fil; un poète chétif; la chaire du prédicateur; un appétit d'enfer; un berceau des arts; un puits profond.

(G.) 15. Remplacez l'infinitif par le participe passé: les choses (*vivre*); une leçon (*apprendre*); (*coudre*) d'or; une raison (*feindre*); par le participe présent: un professeur (*rire*); une lune (*croître*); une somme (*suffire*); une barbe (*naître*).

16. Faites des phrases pour distinguer entre: tout (adv.); tout (pron); toutes les fois; toutefois; nulle part; quelque part.

17. Au pluriel: je lus un beau poème; c'est un chef-d'œuvre; l'auteur a de quoi se vanter; je lui en sais bien bon gré.

(Q.G.) 18. Pourquoi est-ce un beau métier que d'être poète?

19. Comment vous figurez-vous que la vie de Gringoire et de Loyse se passa après leur mariage?

20. Faites le portrait de quelqu'un qui fut, selon vous, un vrai roi.

21. Le dénoûment de la pièce vous plaît-il? Trouvez-vous que chacun gagne ce qu'il mérite?

11ᵉ Exercice : Résumé : mots.

1. Que font les vitriers? les potiers? les orfèvres? les plombiers?

2. À quoi sort un rasoir? un pourpoint? un lambris? un dressoir? un vaisselier? une natte? une nappe? un tapis? un coussin? une écuelle? un mannequin? l'hermine? la serge? la tapisserie?

3. Que réclame-t-on à la consigne d'une gare? qui accueille-t-on à bras ouverts? quel est le mot de cette pièce que vous admirez le plus?

4. Que peut-on écorcher? écorcer? bercer? rapiécer? ressemeler? tisser? moissonner? ménager? creuser? bêcher? enfouir? lâcher? verser? flairer? sentir? éplucher? décrocher?

5. Qu'est-ce qui se ternit? tarit? coule? s'écoule? luit? étincelle? éblouit? pétille? tourbillonne? tintinnabule? picore? essaime?

6. Que manque-t-il à un effronté? à un affamé? à un oisif? à un homme sans gêne? à un étourdi? à un poltron?

7. Dessinez ou décrivez: une anguille; un paon; un agneau; un oison; un papillon; une brebis égarée; un ange déchu.

8. On dit: *une grappe*, de quoi? un accès de...? un tas de...? un essaim de...? un rayon de...? une écuellée de...?

9. On dit: paresseux *comme un loir*; citez les comparaisons bien connues qui suivent: jaune, rouge, noir, triste, gai, hâbleur, joli; et aussi celles qui se trouvent dans cette pièce.

10. Qu'est-ce qu'un prix *net*? une personne *gênante*? un lutteur *redoutable*? une rue *boueuse*? un journal *mensonger*? une idée *chimérique*? des lits *jumeaux*? Trouvez pour chaque adjectif un autre substantif convenable.

11. Un adjectif: celui qui a trop bu; qui dépense son argent trop librement—trop chichement; qui a grande hâte; qui affecte des sentiments religieux; qui est pénétré de froid.

12. Citez encore deux adjectifs formés comme: *effronté*; *craintif*; *honteux*; *apprivoisable*; *criard*; *mensonger*; *chimérique*.

13. Quel adjectif se forme de: le ciel; la vertu; le vice; le hasard; la loi; la cachotterie; la sensiblerie; la pitié; la rancune; l'éloge?

14. Exprimez par un seul adverbe: par miracle; en grande hâte; avant qu'il soit peu; à la dérobée; d'une manière savante; en confusion; dans la perfection.

15. Substantifs: refroidir; éclaircir; attendrir; gémir; attendre.

16. Synonymes: un supplice; un lutteur; un souhait; la gêne; la couardise.

17. Formez des phrases pour faire ressortir deux acceptions de: le souci; le rayon; la queue; le clou; le mystère; la corde; l'obéissance; le profane; l'aigle; le miel; le pâté; le goût.

18. De quelles parties du corps dérivent les mots: s'accouder; envisager; enjamber; s'agenouiller; s'adosser; empoigner; piétiner; talonner; embrasser; manier; l'entêtement; la jarretière; la mentonnière; la gorgée; la bouchée; joufflu?

19. Commentez le genre de: rosée, laurier, incendie, projet, vêtement; et l'étymologie de: la louange, le locataire; une fois, le foie, la foi; goutteux le goûter; épuiser, étaler.

20. Exprimez à l'aide d'une autre tournure: cela sent le vieillard; on pêche en eau trouble; il s'agit de persévérer; un prix salé; une drôle d'idée; un dîner refroidi; un habit troué; on se déride; on croit à son étoile; voilà votre affaire; vous êtes servi à souhait; ne m'en voulez pas; vous en êtes quitte pour la peur; je me fais une fête de vous revoir.

EXERCICES

12ᵉ Exercice : Résumé : grammaire.

1. Commentez les mots en italique et faites (ou citez) une autre phrase d'après chaque modèle : tu vois *le vrai* des choses ; je *n*'oserais dire cela ; j'ai *de* graves intérêts ; le commerce, tu *le* sais, a *son* importance ; je ne *saurais* parler comme il faut ; proposez quelque chose *de* mieux ; tu m'es *toute* dévouée ; il y a tant *d*'étoiles ; tu n'en sortiras que lorsque tu *seras* obéissante ; tu l'as *mise* en fuite ; je l'ai vu *il y a* longtemps *par* le rude hiver ; nous avons *de quoi* lui faire fête ; sans *mentir*, je vous ai vu *sourire* ; vous me punissez plus que je *ne* mérite ; personne ne *lui* conseille de se *taire* ; on *lui* emprunte de l'argent.

2. Au féminin : feu le roi ; le feu roi ; le vieux garçon ; l'ancien élève ; le Français, né malin ; mon mignon filleul ; mon parrain, le chasseur ; son brave compagnon ; un poète enchanteur.

3. Au pluriel : il y a un vrai chef-d'œuvre ; c'est un petit vitrail ; un va-nu-pieds qui porte un fardeau trop lourd pour le gentil-homme chrétien.

4. Ecrivez en chiffres : un millier ; quels substantifs forme-t-on des adjectifs 8, 9, 10, 12, 15, 20, 30, 40, 50, 60, 100 ? les Anglais ont adopté deux de ces mots—lesquels ? Quand vécut le Gringoire légendaire ? et le G. historique ? Quelle est la date de la mort de Louis XI ? Quand vécut Théodore de Banville ?

5. Expliquez le mode : il n'y a rien à quoi je *tienne* davantage bien que je ne *sois* pas exigeant ; je veux un vaillant qui *ait* les mains pures.

6. Formez des phrases pour faire ressortir l'emploi de : pour peu que ; de peur que ; à moins de, à moins que...ne ; avant, avant de, avant que, auparavant ; quel, quoi, quel...que ; celui, celui-ci, cela.

7. Formez des phrases pour faire ressortir la préposition qui suit : déplaire, changer, garnir, nuire, se marier, approcher, entrer, se mêler, songer, répondre ; et d'autres phrases avec : remercier, empêcher, prendre, conseiller, en mettant après chaque verbe deux compléments.

8. Distinguez entre : débattre, se débattre ; apercevoir, s'apercevoir ; douter, se douter ; marier, se marier ; attendre, s'attendre.

9. Temps primitifs de : boire, bénir, ménager, inquiéter, enfreindre.

10. Participe présent : une passion (*refroidir*) ; un baldaquin (*saillir*) ; une raison (*convaincre*) ; une rose (*naître*) ; un mot (*réjouir*).

11. Participe passé : les mains (*joindre*) ; une chose (*vivre*) ; un impôt (*percevoir*).

12. Au passé indéfini : elle se *tait* ; elle *court* la ville ; un météore *luit* ; la rosée s'*évapore* ; on lui *offre* le prix ; le projet *avorte*.

13. A l'impératif : tu ne m'en *veux* pas ; tu *veux* m'écouter ; tu *as* patience ; tu *es* raisonnable ; on *sait* patienter ; nous *finissons* maintenant.

14. Au négatif : défendez-moi ; parlons davantage ; lui et elle sont venus ; on veut *encore* de la grammaire ; *tout le monde* l'aime.

15. Remplacez par des pronoms : la ballade mérite *la corde aux poètes* qui l'ont composée ; il dit la vérité à *tout le monde* ; il s'agit de *nos gens* ; les anges ont recueilli *ces larmes* ; *quelle circon-stance* vous empêche de réussir ? *aux pauvres gens* tout est peine ; malheur à *leurs ennemis* ; on souffre des douleurs *d'autres gens* ; *chaque mortel* a son devoir ; à la fin tout arrive même *les choses* qu'on désire.

LEXIQUE

DES MOTS LES MOINS USITÉS

abattre, to cast down
d'abord, in the first place
l'accablement (*m.*), dejection
accabler, to overwhelm
un **accès**, a fit, attack
l'accord (*m.*), harmony, agreement
accorder, to grant; s'accorder = to be unanimous
s'accouder, to lean on one's elbow
accouplé, in pairs
accueillir, to welcome
achalandé, well patronised, doing a good business
achever, to achieve, finish
adoucir, to sweeten, lighten
une **affaire**, a business; mon affaire = what I want
affamé, famished, starving
affliger, to afflict, distress
affolé, panic-stricken, distracted
un **affronteur**, a deceiver
agencé, arranged
agile, nimble, quick
agir, to act; il s'agit de = it is a matter of
un **agneau**, a lamb
une **aile**, a wing
ailé, winged
d'ailleurs, besides
une **alouette**, a lark
amaigri, wasted
une **âme**, a soul
amener, to bring in
amer, bitter
un **amoureux**, a lover
un **ange**, an angel
une **anguille**, an eel
annelé, with annulets (bands encircling the columns)

anoblir, to ennoble
un **appel** de cor, a blast of a horn
un **apprenti**, an apprentice
apprivoisé, tamed, tame
appuyer, to support, rest
arborer, to uplift, hoist
une **arme**, a weapon
s'arracher de, to tear oneself from
aspirer, to inhale, breathe
atourné, attired, apparelled
s'attabler, to sit down to table
atteindre, to attain, reach
s'attendrir, to be moved, give way
l'attirail (*m.*), apparatus, accessories
attirer, to attract
au-dessus, above
une **aune**, an ell, 'measuring-tape'
auprès de, near, with
une **aurore**, a dawn
aussi...que, as...as
autant, as much; autant dire = that is as much as to say
avertir, to warn, inform
aveugle, blind
avorter, to miscarry
avouer, to avow, confess

le **babil**, chatter
un **baladin**, a mountebank, clown
un **baldaquin**, a canopy
un **barbier**, a barber
bas, low; en bas = downstairs
un **batteur** de cuivre, a copper-beater
bégayer, to stammer
bénir, to bless
bercer, to rock

une **bête**, a beast
bizarre, strange
blême, wan, haggard
un **bohémien**, a gipsy
bon, good, kind, simple ; tout de bon=really
bondir, to bound, start
la **bonhomie**, affability
la **bonté**, kindness
la **boue**, mud
un **bouffon**, a buffoon ; bouffon =comic
un **bourgeois**, a townsman
une **bourse**, a purse
une **boutique**, a shop
branché, hanged on a branch
briller, to shine, glitter
brûler, to burn
une **brunette**, a dark-haired girl
un **bûcheron**, a woodman
la **buverie**, drinking

un **cachot**, a cell
la **câlinerie**, coaxing
un **cantique**, a canticle, hymn
une **capitainerie**, a captaincy
céder, to yield
céleste, heavenly
cependant, still, yet, however
la **chair**, flesh
une **chaire**, a great chair
un **chalumeau** de paille, a pipe
changeant, changeable
un **changement**, a change
une **chanson**, a song
un **chapelet**, a garland
un **chardonneret**, a goldfinch
une **charrue**, a plough
chasser, to drive away
une **chasseresse**, a huntress
châtier, to chastise, punish
un **chaussetier**, a hosier
un **chef**, a chief, head
un **chêne**, an oak
chétif, pitiable, weak
un **chevalier**, a knight
une **chimère**, a chimaera, will-o'-the-wisp
chimérique, fantastic, whimsical
un **chœur**, a choir
un **choix**, a choice
une **cigale**, a cicada (resembles grasshopper)
la **cire**, wax

le **clair** de lune, moonlight
la **clarté**, brightness, light
une **clochette**, a little bell
cloué, nailed, rooted
un **cœur**, a heart ; de grand cœur=with all my heart
une **coiffe**, a head-dress ; sans coiffe et sans semelle (sole) = without a shirt to his back
la **colère**, anger
une **colombe**, a dove
le **commérage**, gossiping
une **compagne**, un **compagnon**, a companion
mon **compère** ! old friend !
conduire, to lead
confier, to trust
confus, confused
un **congé**, a leave, permission
congrûment, correctly
se **connaître** en, to be a judge of ; s'y connaître=to know all about, understand a thing
conseiller, to advise
le **consentement**, consent
un **conte**, a story
contrarier, to vex
un **cor**, a horn
la **corde**, the (hangman's) rope
un **coteau**, a hillside
la **couardise**, cowardice
couchant, setting
couler, to flow
un **coup** d'œil, a glance
coupable, guilty, blameworthy
couper, to cut, cut off
courir, to run, go round
couronner, to crown
le **courroux**, ire; wrath
un **coussin**, a cushion
une **coutume**, a custom, habit
la **crainte**, fear
le **crédit**, influence
un **creux**, a hollow
croissant, crescent, growing
une **cruche**, a jug
le **cuivre**, copper
un **cul-de-lampe**, a tail-piece

daigner, to deign, condescend
un **daim**, a deer, buck
une **dame**, a lady
davantage, more
débattre, to debate, discuss

décevant, deceptive, deceitful
déchiré, torn, tattered
déclamer, to recite
décontenancé, disconcerted, discomfited
décorer, to decorate, adorn
décrocher, to unhook, take down
le **dédain**, disdain, scorn
défait, haggard
le **délassement**, recreation
un **demi-dieu**, a demigod
la **demoiselle**, the lady (of noble birth)
dépeindre, to depict, describe
à mes **dépens** (m.), at my expense, to my sorrow
déplaire, to displease
déplié, unfolded, open
se **dérider**, to be amused
se **dérober**, to give way ; à la dérobée = stealthily, covertly
sans **déroger**, without loss of dignity
le **désespoir**, despair
la **désobéissance**, disobedience
dévider, to unravel
deviner, to guess, make a guess, fathom
dévisager, to stare at
le **devoir**, duty
le **difficile**, the difficulty
distrait, inattentive, absent-minded
quel **dommage**, what a pity !
un **don**, a gift
dorer, to gild ; doré = golden, rich brown
la **dorure**, gilding
une **douairière**, a dowager
la **douleur**, pain
douloureusement, plaintively
le **doute**, doubt
les **draperies** (f.), cloth goods
un **drapier**, a draper, cloth-merchant
un **dressoir**, a dresser, side-board
un **droit**, a right
un **drôle** de corps, an amusing fellow
la **dureté**, severity

ébloui, dazzling, resplendent
ébranlé, shaken, disturbed

un **ébrasement**, an embrasure, bay
écarlate, scarlet
un **éclat**, a burst, brilliance
éclater, to break forth
écorcher, to skin, flay
l'**Écosse** (f.), Scotland
un **écot**, scot, share, contribution
écouler, to pass by
écouter, to listen to
une **écuelle**, a bowl
effaré, scared, wild
l'**effroi** (m.), fright, terror, alarm
effronté, impudent
l'**égard** (m.), consideration
égaré, stray, gone astray
l'**élan** (m.), enthusiasm, ardour
s'**élancer**, to dash, rush
l'**éloge** (m.), praise
emmener, to take away
l'**émoi** (m.), excitement, agitation
empêcher, to prevent
emporter, to transport, carry away
empreint, imprinted
ému, moved, touched, pitiful
enchanteur, -eresse, bewitching
endurci, harsh, hard-hearted
l'**enfer** (m.), hell
enfreindre, to infringe
s'**enfuir**, to flee
un **enjôleur** de filles, ladies' man, deceiver
enlever, to carry off
entamer, to cut into
entendre, to understand, mean ; s'entendre = to become friends
l'**entêtement** (m.), obstinacy
entourer, to surround
entraîner, to carry away, carry along
entremêler, to intermingle
entretenir, to converse with
l'**envoi** (m.), envoy, concluding stanza
épais, thick
une **épée**, a sword
éperdu, desperate, overwhelmed
une **épousaille**, a bridal, wedding-feast

épouser, to wed
un **épouseur**, a husband
épouvanter, to terrify
éprouver, to experience, undergo
un **escabeau**, a stool
l'**espace** (*m.*), space
l'**esprit** (*m.*), spirit, mind, wit
un **essaim**, a swarm, flock
essuyer, to wipe away
à trois **étagères** (*f.*), with three shelves
l'**étain** (*m.*), tin
étendu, extended, outspread
étinceler, to sparkle
étoilé, studded with stars
étouffer, to stifle, choke
étranglé, strangled
un **être**, a being, creature
une **étreinte**, a grasp, grip
s'**éveiller**, to awake
exiger, to demand, insist
l'**extase** (*f.*), ecstasy

facétieux, facetious, droll
se **fâcher**, to grow angry
fâcheux, annoying
les **façons** (*f.*), ceremony, flattery
factieux, factious, turbulent
faire mon affaire, to do what I want
falloir, to be necessary; comme il faut=as it should be, properly
une **farce**, a farce, comic dialogue
un **farceur**, a joker
un **fardeau**, a burden
farouche, shy, timid
un **fauteuil**, an armchair
une **fée**, a fairy
un **festin**, a feast
festoyer, to feast
feu, deceased, late
le **feuillage**, foliage
fiancer, to betroth, engage
fier, proud, fierce
une **figure**, a face
une **figurine**, a little figure (in metal or china)
un **fil**, a thread, wire
une vieille **fille**, an old maid
une **fillette**, a girl
une **filleule**, a god-daughter
flairer, to scent
un **Flamand**, a Fleming

flamboyer, to flame
les **Flandres** (*f.*), Flanders
flatter, to flatter
fleurir, to blossom; fleuri= in blossom, blooming, resplendent; fleurissant = flowering
la **foi**, faith, honour
la **folie**, madness; la bonne folie =fine joke
le **fond**, bottom, back, background
force, many
mon **fort**, my strong point, forte
un **fou**, a madman
fouailler, to flog
fouiller, to dig
un **four**, an oven
un **foyer**, a hearth, fireside
frémissant, quivering, shuddering
frotter, to rub
la **fuite**, flight
la **fumée**, smoke

la **galanterie**, flattery, compliment
prendre **garde** (*f.*), to beware, pay attention
garnir, to furnish, fit
gémir, to groan
un **gendarme**, a man-at-arms
gêner, to embarrass, hinder, trouble
un **gentilhomme**, a nobleman
la **gentillesse**, daintiness, attractiveness
un **geôlier**, a jailer
un **geste**, a gesture, sign
glacé, frozen, cold
un **glaive**, a sword
la **glèbe**, the soil, ground
la **gorge**, the throat; rire à gorge déployée=to roar with laughter
le **goût**, taste
mille **grâces** (*f.*), a thousand thanks; faire grâce = to pardon
une **grappe**, a bunch
savoir **gré** (*m.*), to be grateful
grelotter, to shiver
un **grès**, a stoneware jug
une **griffe**, a claw
ne...**guère**, scarcely

un **gueux**, a beggar

(L'astérisque indique une h aspirée.)
habiller, to clothe, garb
la ***hache**, the axe
le ***haillon**, the rag
***haïr**, to hate
***haut**, high ; aloud
***hautement**, openly
***hâve**, pale, emaciated
le ***hère**, the wretch
l'**hermine** (*f.*), ermine
à la bonne **heure**, well, well ! that may be
le ***hibou**, the owl
la ***honte**, shame ; rester avec sa courte honte = to be put to shame, scorned
une **horloge**, a clock
***hors**, save, except
un **hôte**, a guest
hypocrite, hypocritical

ignorer, to be ignorant of, not to know
l'**Iliade** (*f.*), the Iliad (of Homer)
importer, to matter, be important
l'**inanition** (*f.*), starvation
un **incendie**, a fire
s'**incliner**, to bow
indigne, unworthy
indigné, indignant
ineffable, unspeakable
ingénument, ingenuously, simply
ingrat, ungrateful
inouï, strange, unheard of
inquiéter, to disquiet, disturb
interdire, to forbid
ivre, intoxicated

jadis, formerly
un **jeu**, a game
à **jeun**, fasting
un **jeûne**, a fast
la **jeunesse**, youth
se **jouer** de, to make fun of
jumeau, **jumelle**, twin
justicier, who administers justice

un **lâche**, a coward
lâcher, to let go, release

la **lâcheté**, cowardice, poltroonery
la **laideur**, ugliness
le **lambris**, panelling
une **larme**, a tear
un **larron**, a thief
le **laurier**, laurel
un **liard**, a farthing, cent
lier, to bind, link
avoir **lieu** (*m.*), to take place
la **lignée**, line, descent
un **linceul**, a shroud
lire, to read
un **lis**, a lily
un **logis**, a house, lodging ; un logis de plaisance = a country-house
lointain, distant, remote
à la **longue**, in the long run, in time
en **losanges** (*m.*), with diamond-shaped panes
louer, to praise
loyal, honest, true
luire, to shine
un **luth**, a lute
un **lutteur**, a combatant, fighter

le **mail**, the mall, promenade
une **maille**, a farthing ; sans maille ni sou = penniless
une **maille** (mesh) de plomb, a leaden frame
le **mal**, harm, evil
maladroit, clumsy, stupid
malin, saucy, mischievous
un **mannequin**, a scarecrow
un **mari**, a husband
méchant, wicked, poor, cross, mischievous
un **mécontent**, a malcontent
la **méfiance**, suspicion
un **mélange**, a mixture ; sans mélange = without admixture, absolute
se **mêler**, to mingle
un **ménage**, a household ; mettre en ménage = to begin housekeeping
ménager, to husband, arrange
une **ménagère**, a housewife
une **mendiante**, a beggar-woman
mener, to lead, bring
un **mensonge**, a falsehood, lie

une **méprise**, a mistake
mériter, to deserve, secure
Messire, Master (anc. fran. *mes* = mon)
un **métier**, an occupation
un **mets**, a dish
mettre en fuite, to put to flight
un **meuble**, a piece of furniture
un **meurt-de-faim**, a starveling
meurtri, bruised, suffering
une **mie**, a crumb; ne...mie = not at all; ma mie (= mon amie) = my love
le **miel**, honey
une **miette**, a crumb, morsel
le **mieux**, the best
mignon, darling, dainty
un **millier**, a thousand
mirifique, marvellous
miséricord (= miséricordieux), merciful
à **moins** d'être, unless one is
moissonner, to reap
un **More**, a Moor
morfondu, perishing with cold
mou, molle, soft
mouiller, to wet
un **moulin**, a mill
un **moyen**, a means
muet, mute, silent
la **mutinerie**, rebelliousness
un **mystère**, a mystery-play

naïf, ingenuous, frank
naître, to be born, spring up; naissant = budding
naïvement, ingenuously, simply
une **nappe**, a tablecloth
une **natte**, a mat
négligemment, negligently, carelessly
net, clean; avoir le cœur net = to make one's mind clear, know the truth
nombreux, numerous
un **nourrisson**, a nursling, child
nu, naked
nuire, to harm

obéir, to obey
oisif, idle
un **oison**, a gosling, goose
l'**ombre** (*f.*), shadow, gloom

omettre, to leave undone
l'**ordonnance** (*f.*), arrangement
l'**orfèvrerie** (*f.*), gold-plate
l'**orgueil** (*m.*), pride
oser, to dare
outré, enraged, indignant

un **païen**, a pagan
un **palier**, a landing
palpitant, palpitating, quivering
tomber en **pâmoison** (*f.*), to fall into a swoon
un **paon**, a peacock
un **papillon**, a butterfly
par-dessus, above
pardieu! by God!
tes **pareils** (*m.*), such as you
un **parfum**, a smell
parnassien, of Parnassus (the hill of the Muses)
une **paroi**, a wall, side
un **parrain**, a godfather
à **part** (*f.*), aside
un **parti**, a course, way; un bon parti = a good match
une **parure**, an ornament
un **passant**, a passer-by
se **passer** de, to do without, forego
un **pâté**, a pie, blot (of ink)
un **patron**, a patron-saint
un **pavé**, a paved floor
une **paysanne**, a peasant-woman
peindre, to paint, depict
la **peine**, trouble, difficulty, pain; sous peine de la vie = or you forfeit your life
un **peloton**, a ball
peluché, velvety
un **pendu**, a man who has been hanged
un **penser**, a thought
péricliter, to be endangered
une **perte**, a loss, ruin
pétillant, sparkling
pétrir, to mould
pour **peu** que, if only, however little
la **peur**, fear
picorer, to forage
une **pièce**, a room
piteusement, piteously
sur **place** (*f.*), on the spot
un **plafond**, a ceiling

plaindre, to pity
une **plainte**, a complaint, sigh
plaisant, amusing
un **plat**, a dish
pleurer, to cry, weep, shed tears
ployer, to bend, give way
plût (plaire) à Dieu, would to God
plutôt, rather
une **poche**, a pocket
le **poing**, the fist
la **poitrine**, the breast
polir, to polish
le **populaire**, the common people
un **potier** de terre, a potter
un **poulet**, a chicken
un **pourpoint**, a doublet
la **pourpre**, purple, rich colours
poursuivre, to continue
pourtant, yet, however
un **pré**, a meadow
précipitamment, hurriedly
pressé, in a hurry
prétendre, to make out, assert
prêter, to lend, attribute, give credit for
le **printemps**, spring
un **procès**, a lawsuit, trial
prodiguer, to lavish
un **profane**, one uninitiated, an outsider
un **propos**, a remark, talk; à propos = by the way
un **protégé**, a favourite
la **prouesse**, prowess, feat
prude, virtuous
puéril, puerile, childish
puissant, mighty

la **queue**, the tail
en être **quitte**, to be out of debt, clear
de **quoi**, something, the wherewithal; à quoi bon = what would be the good

rabaisser, to depreciate, disparage
racheter, to redeem, save
raconter, to recount, relate
rafraîchir, to refresh
railler, to mock

la **rancune**, rancour, ill-feeling; garder rancune = to bear ill-will
rare, rare, strange
un **rasoir**, a razor
un **rayon**, a ray
réclamer, to appeal to, claim
recueillir, to collect, garner
redouter, to fear
un **reflet**, a reflection
un **refrain**, a chorus
refroidi, grown cold
un **régal**, a treat
en **règle** (f.), in order
réjouir, to delight, entertain, amuse
sans **relâche** (f.), without ceasing
se **relever**, to rise again
remercier, to thank
se **remettre à**, to leave it to, rely on
remplir, to fill
remuer, to move
le **renom**, fame
la **renommée**, reputation
rentrer, to come back
respirer, to breathe, breathe hard
resplendir, to glow
se **retourner**, to turn round
réunir, to collect, join, meet together, assemble
la **revanche**, revenge
réveiller, to wake
rêver, to dream, dream of
une **révérence**, a curtsey
un **rimeur**, a rhymer
une **rosace**, a rose (in sculpture)
rose, pink
la **rosée**, dew
un **rôtisseur**, a keeper of a cookshop
les **rouages** (m.), wheels, movement
rouler, to ponder over
un **royaume**, a kingdom, realm
rude, rough

sacré, sacred
saignant, bleeding
saillant, projecting
sain, healthy, sane
saint, holy
salé, piquant
le **salut**, safety, salvation

sangloter, to sob, weep
la **santé**, health
sauf, save, except
sculpter, to carve
un **seigneur**, a lord
un **séjour**, a stay, dwelling
une **semelle**, a sole (of a shoe)
sensible, appreciative
une **serre**, a talon
serrer, to press
servir de rien, to be useless
si fait, oh ! yes, it does
le **soin**, care, attention
une **solive**, a joist
un **son**, a sound
un **songeur**, a dreamer
sonore, sonorous, melodious
sot, stupid, foolish
ni **sou** (*m.*) ni maille, without a farthing, penniless
le **souci**, care, longing
soucier, to trouble, disquiet ; se soucier de = to trouble about
souffreteux, miserable, ill
un **souhait**, a wish
soumis (soumettre), submissive, obedient
souper, to sup
sourd, deaf, smothered (of sound)
un **sourire**, a smile
soutenir, to support, sustain
la **sparterie**, esparto, rushes
une **strophe**, a verse
suave, delicious
subir, to undergo, face
succulent, luscious
la **suite**, continuation, rest
un **supplice**, a punishment
supplier, to entreat
au **surplus**, moreover
surtout, above all

une **tache**, a spot, stain
la **taille**, the people's tax (from which nobles and priests were exempt)
se **taire**, to be silent
tant, so much ; tant bien que mal = somehow or other ; tant mieux = so much the better
ilme **tarde**, I long

tarir, to dry up, become exhausted
un **tas**, a heap, throng
tendre, to spread, hang
tenir à, to be anxious about ; que cela ne tienne = don't let that stand in the way ; tenir rigueur = to shun
une **tentation**, a temptation
tenter, to attempt
ternir, to tarnish, sully
le **terroir**, the soil ; sentir le terroir = to smack of the soil
le **timbre**, the bell (of a clock)
tintinnabuler, to ring out
tirer, to draw, rescue, take
un **tisserand**, a weaver
avoir **tort** (*m.*), to be wrong
tôt, early
un **tour**, a turn ; à double tour = doubly locked
une **tour**, a tower
un **tourbillon**, a whirlwind
une **tourelle**, a turret
tout-puissant, all-powerful
trahir, to betray
un **traître**, a traitor
un **transfuge**, deserter, turncoat
traverser, to cross, pass through
un **trésor**, a treasure
tressaillir, to start, tremble
trilobé, divided into three circles
triompher de son étoile, to triumph over one's fate
le **trouble**, confusion
troubler, to disturb
troué, in holes, threadbare

d'**usage** (*m.*), customary

vaillant, valiant, heroic
la **vaisselle** d'argent, silverplate
un **valet**, a footman, servant
valoir, to be worth ; en valoir un autre = to be as good as another
un **vantail**, one part of a double door
se **vanter**, to boast

un **va-nu-pieds**, a vagabond
la **veillée** d'hiver, the winter evening
veiller, to watch, see to
la **veine**, the vein
la **venaison**, venison
vendanger, to gather the grapes
le premier **venu**, anybody, a person of no importance
les **vêpres** (*f.*), vespers
un **verger**, an orchard
vermeil, rosy, pink
un **verre**, a glass
un **vers**, a (line of) verse
verser, to pour out, shed
une **veuve**, a widow

les **victuailles** (*f.*), victuals
une **vierge**, a virgin
vif, alive; au vif = vividly, realistically
un **vignoble**, a vineyard, vintage
un **vitrail**, a stained-glass window
une **vitre**, a window-pane
un **vœu**, a wish
une **volaille**, a bird
la **volonté**, will, wish
voltiger, to flutter, flit
la **volupté**, pleasure
vouer, to vow, doom
en **vouloir** à, to bear a grudge against
voûté, rounded, bent with age

Printed in the United States
By Bookmasters